XUESHU LUNLI YU ZHIS

U0500121

学术伦理与知识产权

王淑华/主编　申荣荣　张海宁/副主编

隋卫东　吴安新　赵凤梅/编委

知识产权出版社

全国百佳图书出版单位

—北 京—

图书在版编目（CIP）数据

学术伦理与知识产权／王淑华主编；申荣荣，张海宁副主编 . —北京：
知识产权出版社，2024.5
　　ISBN 978 - 7 - 5130 - 9349 - 1

　　Ⅰ.①学…　Ⅱ.①王…　②申…　③张…　Ⅲ.①知识产权—研究—中国
Ⅳ.①D923.404

　　中国国家版本馆 CIP 数据核字（2024）第 086210 号

责任编辑：彭小华　　　　　　　　　责任校对：潘凤越
封面设计：张国仓　　　　　　　　　责任印制：刘译文

学术伦理与知识产权

王淑华　主编

申荣荣　张海宁　副主编

出版发行：知识产权出版社有限责任公司　网　　址：http：//www.ipph.cn
社　　址：北京市海淀区气象路 50 号院　　　　邮　　编：100081
责编电话：010 - 82000860 转 8115　　　　　　责编邮箱：huapxh@ sina.com
发行电话：010 - 82000860 转 8101/8102　　　发行传真：010 - 82000893/82005070/82000270
印　　刷：天津嘉恒印务有限公司　　　　　　经　　销：新华书店、各大网上书店及相关专业书店
开　　本：880mm×1230mm　1/32　　　　　印　　张：9.125
版　　次：2024 年 5 月第 1 版　　　　　　　　印　　次：2024 年 5 月第 1 次印刷
字　　数：256 千字　　　　　　　　　　　　定　　价：48.00 元
ISBN 978 - 7 - 5130 - 9349 - 1

编写说明

　　党的二十大报告提出，"全面推进工作法治化"，中国式现代化进程中，创新智慧成果层出不穷，知识产权保护全面法治化刻不容缓。近年来，我国深刻意识到"深入实施知识产权战略，加快建设知识产权强国"的重要性，开启了全面加强知识产权保护、强化知识产权全链条保护的相关工作。加强知识产权法治保障，形成支持全面创新的基础制度，关系着国家在知识产权专项领域的治理体系和治理能力的现代化水平。

　　基本的伦理道德与学术规范是保障学术研究始终处于中国特色社会主义全面法治化正轨的基础。"学术伦理与知识产权"课程系硕士研究生必修课程，学好知识产权并具备相应的法律思维，对于创新经济和高质量发展起着重要作用。课程目的主要如下：一是让学生们掌握基本的学术伦理与学术规范，培养基本的科学研究行为操守；二是树立尊重知识产权、保护知识产权的意识；三是对中国知识产权法律制度体系进行全面了解并掌握基本制度的运用，对于中国参加的国际公约，以及"一带一路"共建国家的知识产权保护制度有基本了解；四是对违反学术伦理的行为与知识产权的侵权行为有预判能力，能预知行为的负面后果，能够以良好的法律思维和行为操守防止知识产权侵权行为的发生。通过本课程的学习，让学生们在今后的工作生活中合法保护自己的知识产权、尊重他人的知识产权，并通过知识产权创新。

　　本书在编写中注重系统性、实用性，全书分为两大部分：第一部分是学术伦理与学术规范，便于学生掌握学术规范，储备知识，培养学术研究能力与终身学习的能力；第二部分是知识产权法，以中国现行知识产权法的内容为基础，结合知识产权保护在实践中的基本问题，阐释基本理论、法律知识和法律适用，便于学生形成系统性的知识产权知识体系和法律思维。

　　本书编写分工如下：第一编学术伦理与学术规范第一章隋卫东，第二章吴安新；第二编知识产权总论张海宁；第三编著作权法王淑华；第四编商标法申荣荣；第五编专利法赵凤梅；第六编其他重要的知识产权由申荣荣与张海宁共同撰写。全书统稿王淑华。

　　本书如有不妥之处，敬请专家、读者不吝赐教，无论批评或商榷，编者都由衷感谢！

编者

2023 年 12 月

目　录

· 第四编　商标法 ·

·第六编　其他重要的知识产权·

第一编

学术伦理与学术规范

第一章　研究生学术伦理

【内容提要】掌握学术伦理与学术规范是从事学术研究的前提，学生应掌握基本的学术规范，进而理解学术失范的日常表现和后果。

第一节　学术伦理概述

一、学术伦理

（一）学术

"学术"包含两方面的含义，主要将学术理解为学术研究活动；同时，也包含对学术研究活动结果的处理与应用。

为了更全面地理解"学术"，也为了与我们日常生活中常用的"学问""科学"以及"技术"相区别，理解"学术"时应注意以下几点：第一，学术的场域是学术界（或称"学术共同体"）。第二，学术的主体是学术人（或称为"研究者"），学术人既需要系统的学习或训练，也要有相对应的人格品质。大学教师、科研人员、研究生都被认为是学术人。第三，学术的内容是高深知识，即系统的科学知识。第四，学术的表现形式主要体现为对高深知识的生产、交流、传播、评价和应用。

（二）伦理

伦理一般是指指导行为的一系列观念，是从概念角度上对道德现象的哲学思考，它不仅包含着对人与人、人与社会和人与自然之间关系处理的行为规范，而且也深刻地蕴含着依照一定原则来规范行为的深刻道理。伦理是指人类社会中人与人、人与社会、人与国家的关系和行为的秩序规范，任何持续影响全社会的团体行为或专业行为都有其内在特殊的伦理的要求。伦理是指人与人相处的各种道德标准。

（三）学术伦理

学术伦理是学术领域指导学术向善和维持学术领域关系秩序的价值标准和规范，是学术共同体在学术研究过程中（即科学知识的生产、交流、传播、评价）应该遵循的内在的价值要求和外在的行为规范。也就是说分为两大层面的内容：一是价值观层面的学术价值观；二是方法论层面的行为方法之规范。

二、学术伦理规制

学术伦理规制，就是学术伦理在研究生群体中的制度化和程序化，即通过学术伦理内在的伦理价值规范及其外在的制度约束研究生的学术活动的一种学术管理活动。

研究生学术伦理规制的主体应是某种类别或级别的学术组织（如大学学术伦理委员会）；规制的对象应是从事科研活动的研究生；规制需要解决的问题主要是学术行为的失范与学术创新力的不足；规制的手段主要是采取伦理的手段，即内在的伦理价值规范及其外在的规则与方法；规制的目的就是增强研究生的学术伦理意识以及由此带来的自我纠错能力和学术创新精神。

（一）研究生学术伦理规制的效用机理

在研究生的学术活动中，学术伦理效用的实现过程实际上就是研究生作为主体对外部所施加的德性影响（伦理价值观）进行"认知—认同—内化"，最终实现符合学术伦理关系的个人学术行为的过程。第一阶段：从"学术伦理"到"学术伦理意识"，第二阶段：

从"学术伦理意识"到"学术行为"。

1. 学术伦理意识

其一，羞耻意识。羞耻意识是通过自我评价的形式来进行检视，在伦理要素中扮演重要的作用。研究生的自我伦理意识中一旦有了羞耻意识，就会在心灵深处形成比知识更原始、更真实的"羞耻"这一根弦，就会形成一种最基本但却又最能激发学术良心的内在道德力量，从而把自己的学术行为限定在可以、应当的范围之内。

除了人的本能羞耻意识（如性羞耻）以外，人的羞耻意识都是在后天教化的基础上形成的。研究生学术伦理意识中的羞耻意识亦是如此。教化的方式应以伦理的方式为基础，通过唤起个人的学术伦理意识来进行，而不是权力性的强迫方式（如法律、制度）。

其二，敬畏意识。所谓敬畏意识就是个人对其心目中的神圣事物或力量的崇敬和畏惧。它与一般的害怕、恐惧等心理活动的主要区别就在于它是出自个人的内在的情感需要，与个人的伦理价值观念息息相关。

研究生学术伦理意识中的敬畏意识是一种经过后天培养而形成的伦理意识，它是在对学术这一崇高志业产生"景仰"的基础上而对"亵渎学术"所产生的一种"畏惧"。

其三，成就意识。成就意识可以被看成是个人在体验羞耻意识和敬畏意识之后的一种心理转向，是在心灵的煎熬过程萌发的一种更加积极的、主动的、正向的道德力量。

成就意识是研究生在学术活动中的内心推动力，是自身克服学术活动中的"恶"积极向"善"的过程。

2. 研究生学术伦理规制实质内容的确立

其一，确立内在的学术伦理价值观。学术伦理规制作为一种内化性的规制，其对研究生的规范必须建立在价值观的基础上，通过价值观的导向从"内心"来规范的研究生思想和行为，由此形成了隐性的"学术良心"，即学术自律。其二，建立外在的规则与方法体系。学术伦理不只是属于研究生个人内在的道德，还表现为一种外在的对研究生的制约，即学术他律。

完善的学术伦理规制应是其内在的学术伦理价值观、外在的规则与方法二者的有机统一。内在与外在相互作用、相互影响，对研究生的思想和行为起共同的规约作用。

（二）求真：学术伦理的核心价值观

"求真"（Being the Quest for Truth）的"真"是指"真理"，求真就是要探求未知的真理。求真，是学术伦理的核心，是学术追求的开头和学术人奋斗的源泉，是学术活动的灵魂，也是推动科学进步的要义所在。

"求真"是学术人人格的集中体现。"求真"不仅是包括研究生在内的学术人智慧的集中体现，也集中地体现在他们的人格上。

第一，这种人格表现为一种为真理而甘于奉献的精神。"求真"一旦融入学术人的"血液"与"灵魂"中成为一种牢固的学术价值取向，学术人就会对自身的价值和所处的地位、所肩负的使命有一种更自觉的认识，就愿意为科学真理的取得而不怕困难与磨难。

第二，这种人格表现为一种为真理而锲而不舍的恒心与韧性。对于一个有着"求真"心的学术人来说，无论身处何种逆境中，仍执着地求索，不怕困难并知难而上，在诸多的"不确定"中专心研究学问，探求真理。

第三，这种人格表现为一种为真理而怀疑的精神。学术上的"怀疑"进行得越深刻、越有力，对学术研究的方向和目标，也就看得越清楚、越准确，发现科学的"真"的概率就越大。

（三）纵向伦理：学术伦理的"底线"与"上标"

学术伦理价值观可以划分为两个不同的层次——最低层次和最高层次。最低层次就是学术伦理的"底线"，即底线伦理；最高层次则是学术伦理的"上标"，即上标伦理。

1. 底线伦理："严谨"

学术伦理的底线伦理——"严谨"（Keeping Strict），是维系学术伦理关系的最低要求。这也就是说，"严谨"是包括研究生在内的学术人最基本的学术道德义务，是学术人个人学术德性的最后边界或屏障。

"严谨"的价值含义应至少包括"唯实、严肃、严格、严密、审慎"① 这五个方面：

（1）唯实（Holding the Verity），就是从事实出发，即通过实地观察、实验、论证以摸索、探讨客观事物的规律性，一就是一，二就是二，不能弄虚作假，更不能胡编乱造。

（2）严肃（Keeping Serious），就是保持所选研究课题的学术性，拒绝浅薄的东西；维护学术及学术组织的尊严和荣誉，不能为了眼前的利益而滥用自己的学术权力等。

（3）严格（Keeping Scrupulous），就是要随时修正自己在研究过程中的错误，公开发表成果中的错误需要公开承认；要有监管自己所领导的研究小组成员及其所指导或培养学生的责任，并有义务纠正他们在科研中所犯的错误等。

（4）严密（Keeping Precise），就是要细心采集数据并妥当储存；验证或多次验证自己的研究成果；不泄露或侵占他人未公开的学术成果等。

（5）审慎（Keeping Cautious），就是要慎重地在公开场合发表言论，不能想当然地主观臆测；尊重他人的研究成果并要正确使用；审慎地评价他人的研究成果，不夸大也不缩小等。

2. 上标伦理："创新"

"创新"（Innovating），是包括研究生在内的学术人的最高价值追求，是学术伦理的"至善"，是学术"求真"过程的愿望和归依。

至善，"最崇高的善"。通常指一切其他的善都包含于其中或者都来源于它的那种最高的善。

第一，"创新"是学术伦理的"至善"。"创新"是科学发展的

_____

① 滕大春：《外国教育通史》（第三册），山东教育出版社 1990 年版，第 240 页。

动力，是维系学术伦理关系的生命力之所在。要想"求得真理"，或者说把"求真"变成现实中的存在物，研究生不是仅学习已有的"真理"或照搬他人求得的"真理"，而必须是在前人已有研究成果的基础上有新的拓展和发现。一方面，创新是学术研究的价值依托。如果在学术研究中没有创新，学术活动将会失去继续存在的必要，科学发展也将止步不前，学术人也必将失去继续生存与发展的条件；另一方面，创新是赋予学术人的最高伦理要求和责任。创新是一种高度的理性自觉，它是在独立思考、潜心研究、长期积淀的基础上对已有思想与知识体系的扬弃，是科学精神的最好体现，也是不辱学术人使命和责任的思想源泉。"创新"还应是学术人永无止境的追求，没有最好，只有更好。

第二，"创新"是学术人获取学术承认的唯一媒介。如果学术人渴望获得成功，那么他（她）能做的只能是以自己的创新学术成果通过学术评价系统得到学术界的承认。在一个学术人的内心深处真正看重的，却还是以自己有创见的工作为媒介所获得的学术承认。在名利与学术承认之间，真正的学术人衡量得失的标准永远只会是后者。正是由于学术承认成为学术人心目中的首要考量，才使得学术研究有了超越名利的"更为崇高的目的"，"才使得人类的文明和社会的进步有着永远光明的前景"。①

第三，"创新"源自学术人的自觉意志。学术"创新"源于学术人的执着精神。学术"创新"没有捷径，而是一个长期、曲折、复杂的过程。在这个过程中，需要学术人对真理有一种不怕挫折与失败、持之以恒、坚韧不拔的执着精神。

第四，"创新"是满足学术人高层次需要的高尚志业。如果"为求真而学术"应是学术人所应持有的核心价值观念，那么"为创新而求真"则应是学术人的内在期盼和最高追求。

---

① 宋旭红、沈红：《学术职业发展中的学术声望与学术创新》，载《科学学与科学技术管理》2008 年第 8 期。

（四）横向伦理：学术伦理的"三个层面"

学术伦理的"三个层面"即个人、组织、社会伦理的关系。

对于研究生来讲，"三个层面"的具体内涵为：

1. 个人层面："理性"

"理性"（Being Conscious），从价值观的角度来分析，就是指研究生个人所持的一种自觉状态，就是在"求真"核心价值观的驱使下，始终对自己、对学术共同体、对社会抱有一种负责任的学术态度。"理性"作为个人维度的学术价值观，其关系要素主要有以下几个方面：

第一，潜心。潜心就是要求研究生始终有一个冷静的头脑，对学术有敬畏之心、虔诚之心，潜心科研，不投机取巧，不浮躁、肤浅、浮夸。

第二，怀疑。怀疑就是研究生要对已有的科学知识体系始终保持一种问题意识。做学术，一定要有自己的观点，一定要具有否定、批判精神。作为一个研究生，我们要做学术上的"愤青"和"批判家"。只有这样发现问题，思考问题，才能够提高自身的研究能力，增强学术的造诣，养成研究的习惯。

第三，实证。要在学术研究过程中取得突破，仅有理性的"怀疑"是不够的，还需要有一种理性的实证精神，这也是学术"求真"过程中的关键环节或机制要素。一方面，在对待别人的观点或学说上，需要学术人从客观事实出发，摒弃一切偏见。在学术研究中，学术人判断一种观点或学说是不是科学的，不是看提出这一学说的人的身份、种族、国籍、宗教和阶级，也不是看这一观点或学说是否与某权威相一致，而是要亲身实地去看这种观点或学说是否与客观事实相符，是否经得起验证。

2. 组织层面："合作"

"合作"是学术职业化趋势带来的"大科学"时代所必需的、带有根本保障性质的价值观念，也是学术人必需的学术伦理规范，同时也是学术"求真"的重要关系要素之一。"合作"作为组织维

度（学术共同体）的学术价值观，其关系要素主要有以下几个
方面：

第一，诚信。学术研究活动往往是一项集体的事业，科学知识
的获取和传播、交流都必须以学术人的诚信为基础。一方面，诚信
来自学术的"求真"取向和"研究高深学问"这一性质。另一方
面，诚信来自学术共同体发展的需要。学术人要能够坦诚地与他人
进行学术交流合作，不夸大、谎报自己的科研成绩，同时又能对他
人的学术成果作出中肯评价，也绝不掠人之美，侵占他人研究成果。

第二，互尊。是学术活动基于营造有利于科研合作的学术氛围
（如民主、平等、宽容与团结的学术组织环境）的需要而特别强调
的一个重要的价值规范。学术人能够以宽容的心态互相尊重（包括
尊重对方的思想观点和研究成果），用事实说话，不要受诸如权力、
宗教信仰、政治态度等非科学因素的影响，也不能以身份、资历、
名望、权威、领导的意志和观点来论是非。

"互尊"一旦成为学术共同体内各成员的价值取向，就会在学
术研究活动过程中营造出一种良性的合作氛围，从而真正地鼓励、
保障理性的怀疑和多元的思考的兴起，将学术共同体整体的潜力发
挥到最大，推动科学发展。

第三，公开。学术人有权并且应当将自己的研究成果公布于众，
并可以共同享用研究成果，这是促进学术界交流合作的要件之一。
一方面，公开可以保证学术人高效率地使用学术资源。另一方面，
公开还可以促进学术人的学术成果在共同体内得到合理的评价。需
要补充说明的是，在一些特殊的情况下，保密是正常的，如为尚在
进展中的研究实施保密，基于政治、军事目的的保密等。

3. 社会层面：独立

"独立"，是学术人在社会维度上最重要的价值观。它强调在社
会交往中，具有独立的思考和价值判断，以个人的判断作为行动准
备，不为名利和人情世故所累。"独立"作为社会维度的学术价值
观，其关系要素主要有以下几个方面：

第一，自由。自由，表现为学术人以学术为本位，保持学术的独立自由。即在学术活动中，要始终坚持什么是对的才是重要的，而非谁是对的。

第二，自尊。自尊，是学术人保持社会"独立"所必需的学术价值规范。学术上的"自尊"，表现为学术人对自身人格尊严以及学术共同体集体声誉的维护，其实质就是对学术神圣崇高地位的维护。

第三，公正。公正也是学术人保持社会"独立"所必需的学术价值规范。社会对学术人专门知识的信任、尊重和依赖，决定了学术人必须相应地履行对社会的责任。一方面，学术人要凭借由于"对高深知识的垄断"而获得的"独立的话语权"，做社会良知的公共代言人，以批判的理性和对社会的敏感性来引导社会发展，否则就不是完整意义上的学术人，只是片面的"学科专家"。另一方面，在真理受到怀疑、反对、攻击的时候，学术人就要利用其拥有的公共话语的天然优势，坚定地站在真理一边，用科学战胜愚昧，用事实反击流言。

总之，从学术伦理价值观横向层面的三个维度来讲，作为学术人的研究生在学术实践活动中，既需要个人独立工作或思考时的"理性"，也需要学术共同体内的"合作"，同时还需要在社会交往中保持"独立"。

第二节　我国研究生学术道德的现状

一、部分研究生的学术道德意识浅薄

研究生的学术道德意识定义是研究生对学术道德包括内涵、作用和基本规范的认识以及构成的相关看法。在研究生学习和从事学术行为阶段，首先要做到的学术要求就是建立起正确的学术道德意识，符合学术准则要求，恪守学术标准底线。不过我国部分研究生学术道德意识还存在如下薄弱之处。

（一）对学术道德内涵和学术规范了解较少，认识模糊

具有良好学术道德意识的必备要素，包括清楚认识学术道德内涵和学术规范，也是学术研究者在进行学术研究时所应具有的基本学术素养。

（二）对学术行为与道德之间的关系缺乏认识

通过了解研究生对各种不符合学术道德行为的观点，可以看出其学术道德意识内涵。如若观点正确则表明他们的学术道德意识较强，相反则表示他们的学术道德意识较弱。

当前一些研究生在学术活动中较少注意到学术与学术道德规范之间的内在逻辑关系，其学术道德意识亟待增强。

（三）对学术道德作用的正确认识不足

学术道德问题是关乎研究生为人、治学的基本问题，不只会对研究生的求学之路产生一定影响，而且牵动着研究生的人生历程，因此，符合学术准则要求，恪守学术标准底线对研究生而言意义重大。但一些研究生既然对学术道德规范的内涵都了解不多，对学术道德的作用也就显然无法呈现清晰的正确认识。

二、部分研究生学术道德情感较为脆弱

正确向上的学术道德情感毫无疑问地会强烈促使良好学术道德行为的产生。因此，研究生对学术规范认识的肤浅、笼统只是其学术不道德行为产生的原因之一，其积极学术道德情感的缺失也是一个重要因素。

部分研究生虽有正确的学术道德意识，但面临学术道德选择时，其学术道德情感仍缺乏坚定性，往往因个人学术道德情感的动摇不定而难以作出正确的选择。

三、违反学术道德的行为时有出现，类型呈增多趋势

研究生违反学术道德的行为时有出现，而且不道德学术行为的类型呈现增多趋势，已经引起人们的高度关注。研究生违反学术道德的行为主要有如下几种：

（一）学术引文不规范现象

目前最为常见的研究生学术引文不规范现象主要有两种：剽袭他人的学术成果，主要见于人文社科类研究生中的一些学术成果；虚构、编造实验数据或摘引的数据资料，这在理工类研究生中的一些成果较为常见。

抄袭，是指照搬他人的文字、观点和材料而不加引用、不注明出处的行为。

剽窃，是指在著述中将他人的文字、材料、结论和体系进行巧妙伪装，当成自己的创造，或者受到他人研究的启发而不加说明。

篡改，是指依照理想值随意改变或取舍实验数据，以达到贴合自己的研究结论。

伪造，是指杜撰，包括捏造数据、事实、文献、注释等。一些人引用他人的观点看法或数据资料时不释明出处、页码；即使释明出处、页码，但存在大量引用的情况；有的通过肢解、伪装等手段将他人著作和论文中的观点据为己有。

（二）"搭车"署名或直接请他人代写文章现象

由于各种因素，部分研究生在即将毕业之时仍然没有完成学校规定的论文发表数量，为了能够完成按时毕业的目标就开始采用一些"旁门左道"：一种解决办法是寻求导师或同学的帮助，在没有加入任何研究创作的情况下搭个"便车"，在他人的科研成果上挂个名字就算完成任务。另一种解决办法是请他人代写学位论文或学术论文，出具虚假论文发表证明。

（三）学风浮躁、拼凑论文、低水平重复现象

一方面，某些研究生在需要提交课程论文或学位论文的时候，

采取短期内突击的办法，进行剽袭、拼凑，因为缺乏时间和精力的投入即使是自己独立完成的成果也会没有进行详细周密的思考和论证，学术准则要求往往容易被忽略，甚至连最基本的语法错误和错别字也充斥于论文的字里行间。

另一方面，某些研究生为了应付甚至是糊弄繁重的学业任务，不惜利用各种各样的违背学术道德规范的方法，如虚构调查数据资料、进行直接和间接的剽袭、使用网络搜索下载复制、隐匿成果参考来源、论证周密性不足、阐述和释明过于简单等。

（四）一稿多投现象

一方面，某些研究生把同一篇稿件更多地投向可能被录用的各种学术刊物，以期望达到"大面积撒网，重点收获"的目的；另一方面，他们把同一篇学术论文在形式上稍微改头换面又拼凑成新的论文，再投递给不同的学术刊物杂志；更有甚者，将一模一样的数据用不同的排列组合或不同表现方式，组成多篇论文，巧妙伪装后进行投稿，或是利用语言差异将已经用中文发表的论文再翻译整理成英文去发表。

这些做法不但给相关学术刊物带来了一系列问题，容易造成知识产权方面的冲突，也会导致作者自身在学术研究的初始阶段误入歧途，这将对个人今后的进步和发展产生不利影响。

第三节　研究生不道德学术行为的危害与原因

一、研究生不道德学术行为的危害

（一）严重挫伤研究生潜心于学习和科研的积极性

尽管不道德学术行为是一小部分人之所为，但遵守学术道德的研究生与少数违背学术道德的研究生处在同一评价体系中，他们总是在与其他同学的比较和竞争中来实现自身的价值。如果周围其他同学使用不正当手段取得了不少的"科研成果",并且因为这些科研成果而取得利益和荣誉时,他们中的部分人就会因此很有可能在心理上产生强烈的落差感,极大地伤害到最初那份纯洁和高尚的自尊心,严重挫伤其对学习和从事学术研究的积极性,进而质疑自身潜心于学习和学术研究的价值和意义。

(二)危害我国的学术生态

研究生作为学术队伍建设的重要后备力量,是学术生态系统中最具活力的因素,他们学术道德水平的高低将直接影响到整个学术生态系统未来的健康发展。研究生的各种不道德学术行为所引发的学术生态系统中的不正当竞争,会导致研究生的学术精神走向颓废,给良好学术生态系统的构建带来严重影响。

(三)动摇研究生的人生道德信念

部分研究生凭借不道德学术行为侥幸获利的现象必然会严重影响其对是非、公理、正义等道德观念的正确认识,甚至使他们形成好逸恶劳、自欺欺人的不良道德品行,动摇社会长期以来所提倡的诚实守信的道德风气,甚至使研究生在道德修养阶段中迷失了正确方向。

(四)腐蚀学术队伍,影响学术研究事业的健康发展

一方面,不道德学术行为有可能会产生"多米诺骨牌"效应,越来越多的人争相效仿会使不道德学术行为由最初的个体行为逐步演变成群体行为,腐蚀面逐渐增大,进而影响到我国未来的学术队伍建设。另一方面,在坚持科学研究的最初阶段研究生就不能秉持坚韧不拔的精神,研究活动浅尝辄止,盲目追求科研成果的数量,势必会阻碍其学习能力和研究创新能力的进一步提升。

(五)危及知识分子的整体形象,使民众对学术界降低信心

当前,个别知识分子放弃了自己的责任和操守,出现种种不道德学术行为。在这种不良学风影响下,一些研究生紧随其后,出现

了种种不道德学术行为，这势必会消解普通民众对知识分子阶层的尊重。

（六）将侵蚀中华民族的文化基础，扼杀民族创造性

学术的进步、知识的积累需要一代代接受过良好教育的人付出艰辛的劳动，如果这些人放弃了起码的学术道德要求，失去了创新的动力而安于享乐，从根本上讲，他们所扼杀的是民族的创造性，侵蚀的是民族发展的原动力，甚至会危及国家的综合竞争力。

二、研究生学术道德困境的产生原因

（一）对研究生学术道德行为定位欠清晰，实现教育目的的手段缺乏针对性

学术界的一些不道德行为在研究生身上均有所体现，具体而言，可分为三类：第一种是学术失范，由于不了解正确的学术规范或者失范，导致了自身学术研究过程和学术表达无法达到学术要求，甚至侵犯了他人的学术成果。第二种是学术不端，它是一种故意违反学术规范的行为，表现为直接抄袭或通过各种形式剽窃他人的学术成果。第三种是学术腐败，主要指围绕学术权力和非学术权力发生的行贿和受贿行为，以获取非正当的学术利益。

对于道德失范，重在教育与批评，谈不上道德谴责；对于学术不端和学术腐败，则是要加以道德谴责，乃至法律制裁。针对不同的不道德行为制定具体的方式和方法，这样才更有利于达到学术道德教育的目的。

（二）学术要求和学术道德评价的不和谐抵消了学术道德教育的效果

对研究生学术成果的量化考核，在一定程度上冲击了对学术道德的要求，软性的学术道德防线遭遇硬性的学术道德考核指标，违反学术道德要求的行为出现的可能性就不断增多，有时它会突破少数道德意志力薄弱的研究生的道德防线。

（三）研究生知识产权意识薄弱和学术创新能力不强使学术道德要求缺乏内在根基

一些研究生创新价值取向的偏离、创新能力的弱化、知识产权意识的淡薄，在必须完成一定数量科研成果要求的硬性规定下，就不可难免地出现学术失范、学术不端甚至学术腐败行为，为学术道德教育带来诸多困难。

研究生学术道德教育的直接目的是规范研究生的学习和学术活动，进而推动研究生学术行为的规范化，根本目的在于培养其良好的学术道德精神，提升研究生的学术创新能力。保持明晰的知识产权意识、恪守知识产权规范底线也是鼓励研究生学术创新的重要手段。因此，创新意识和知识产权意识属于研究生学术道德的重要内容，为了使研究生学术道德规范更好地内化为其自身的学术道德品质，就必须强化研究生创新意识和知识产权意识的培育。较强的创新意识和明晰的知识产权意识，能使研究生对学术道德规范产生一种内在需求，成为外在学术道德规范在研究生内心的生长点。

第四节　研究生学术道德的基本内容及培养

一、研究生学术道德的基本内容

（一）求真与务实的品质

以务实的态度和方法，追求真理！求真是目的，务实是手段。研究生务实行为体现为其学习和从事学术活动的一种过程、一种方法、一种结果。

首先，无论是学习还是从事学术活动，都是一个需要努力的过程，要善始善终。

其次，实事求是作为一种方法，在研究中表现为认真、扎实、透彻的理解和把握，不求多，不求快，在学术活动中直接面对研究对象本身，实事求是地做研究。

最后，实事求是指的是一切研究结果符合事实，一切以事实为依据。在学术活动上表现为尊重事实和已有的研究成果。

只要坚持以上三点，把求真务实融入整个学习和研究的全过程，才能不断接近、把握和运用真理，体现学术的应有价值。

（二）人文与人道的品质

人文指人的一切文化现象，是人之所以成为人的社会规定性，成就了人的价值和人生的意义。

关于人道主义有广义和狭义之分。广义的人道主义是指尊重人的生命、自由和权利，使人能够得到自由全面发展的理论和观点。狭义的人道主义是指重视人的需要、人的发展，提倡自由、平等、博爱的一种理论体系。

人文主义和人道主义的核心都指向人本身，指向人的良好生存和发展，并主张人的价值高于一切。

学术研究不是中立的，应该对学术研究进行价值判断，使其符合人文精神和人道主义精神。

（三）虚心与理性的品质

虚心就是认真学习别人、接受别人的观点和成果。理性就是在接受别人的观点和成果时不迷信、不盲从。

要充满一种怀疑精神，当然这种怀疑不是盲目的怀疑，要有理有据，是一种理性的怀疑。除此之外，还有一点更重要，就是要以一种理性的精神去认识自己取得的研究成果、用一种理性的精神去认识自己。

（四）尊重与自信的品质

尊重既指尊敬、重视、信任和高度关注，也指不干涉、不侵犯；自信就是相信自己，当然，自信不是盲目相信自己，从自己出发，而是在正确认识自己和周围环境的基础上，对自己的观点和行为作出正确的判断和选择。我们还要正确认识和处理尊重与自信的关系。

（五）探索与创新的品质

探索意味着寻求和感受，是研究生学习和进行学术活动的主要方式，目的是进行新的发现和创造。

创新主要是指研究生在学习和学术活动中提出新的见解、观点和想法，发现新的材料和证据，发明新的研究方法和研究范式，实现新的延伸和应用等。

（六）公正与协作的品质

公是学为天下，天下为公，正是不偏不倚、诚实无私。研究生的公正品质的重点是学术活动中的正直和诚实。

协作是指相互合作，积极作为，共同完成某项特定具体任务。研究生的协作品质主要是指宽容、兼容、包容的团队精神。但是，协作不是完全被动的、顺从的，而是一种具有自主精神的相互帮助、相互启发、相互配合的学术探索。

（七）勤奋与淡泊的品质

勤奋是指勤于学习和研究，脚踏实地做学问，甘坐冷板凳，反对学术浮躁。

淡泊是一种面对学术困难、正确对待学术成果的态度和心境。艰苦漫长的求真过程需要一种淡泊的心境，只有拥有淡泊的心境，遇到困难时才会不退缩、不逃避，扎扎实实做好研究工作。

（八）奉献与实践的品质

奉献就是踏踏实实、不计个人得失地做好自己所能完成的事情，以一种淡泊名利的态度不断追求真理，不计个人得失、扎扎实实地从事学术研究工作的品质。

实践就是面向实际，勤于作为，取得成效。学术实践主要是指杜绝不切实际的想法、华而不实的结论、浮躁浮夸的学风，提倡实实在在地寻找实际问题，扎扎实实地进行学术研究，得出真实的结论，解决实际问题。

二、研究生学术道德的培养

(一) 完善学术道德管理制度

学术道德培养的前提，一定是明确学术活动中必须遵守的基本学术道德，明确什么是违反学术道德规范的行为，明确学术失范行为的受理、调查处理程序及惩戒措施等。这就要求各机构要有强化学术道德建设的一系列管理制度，严格要求各项学术活动按照规章制度进行；建立科研成果评价机制，对学术成果实行公正、公开、透明的评价标准，避免出现滥用科研成果的情况；强化学术道德监督和审查，对于学术不良行为，如抄袭、剽窃、伪造、捏造等现象，要采取一系列的配套措施，如惩戒、调整工作职务、取消评优评奖等，形成对不良行为的明确惩罚和约束，保证学术研究的公正性和规范性。

(二) 加强学术道德规范教育

加强科学道德和学风建设不仅是推动学术研究健康发展的前提和基础，而且对于倡导求真务实的社会风气，提高全社会的思想道德水准起到积极的促进作用。在研究生中开展科学道德和学风建设宣讲教育活动，培养学生的独立思考和批判性思维能力，提高学生的自我管理和自我约束意识，防止学生出现伪造数据、抄袭主义和弱化自我表达等不良现象，对于帮助研究生在学术生涯起步阶段掌握科研工作的规范，确立严谨治学的品格，自觉抵制学术不端行为，具有重要的现实意义和深远的历史意义。

(三) 发挥导师在学术道德教育中的引导作用

要抓好学风，首先要抓好教风，建立以导师为主、与研究生相结合的长效机制，以教风带动学风。提高教师的责任感，是防止学术不端行为的有效途径。

首先，在教师上岗前，学校应对教师进行学术道德教育岗前培训并进行考试。其次，要不断加强教师队伍的学术道德思想，提高认识程度。最后，加强对教师的考核与监督。学校应看重教师的学术道德素养，在对教师的考核评估中，要将教师的德育水平与科研能力、教学水平等同等对待。

（四）注重对创新能力的培养

当今大学生学术道德失范的基本原因是缺乏学术创新能力。只有培养大学生的创新能力，活跃其思维，才能实现学术诚信。具体做法是，高校要增设扩展思路的介绍学科前沿知识或者跨学科的课程，不仅要让学生掌握学科知识，而且注重培养学生在研究方法方面的能力。教师在教授学科课程时，应多注意培养学生的思考和创新能力。此外，高校应多为学生创造良好的学术条件，引进国外先进的学术理念，使学生的研究思维在深度和广度两个方面共同拓展。

三、研究生学术不端的处理

在认定学术不端行为之后，必须严肃处理。针对学术不端和学术不道德行为，2016 年教育部《高等学校预防与处理学术不端行为办法》第 29 条规定："高等学校应当根据学术委员会的认定结论和处理建议，结合行为性质和情节轻重，依职权和规定程序对学术不端行为责任人作出如下处理：（一）通报批评；（二）终止或者撤销相关的科研项目，并在一定期限内取消申请资格；（三）撤销学术奖励或者荣誉称号；（四）辞退或解聘；（五）法律、法规及规章规定的其他处理措施。同时，可以依照有关规定，给予警告、记过、降低岗位等级或者撤职、开除等处分。学术不端行为责任人获得有关部门、机构设立的科研项目、学术奖励或者荣誉称号等利益的，学校应当同时向有关主管部门提出处理建议。学生有学术不端行为的，还应当按照学生管理的相关规定，给予相应的学籍处分。学术不端行为与获得学位有直接关联的，由学位授予单位作暂缓授予学位、不授予学位或者依法撤销学位等处理。"突出教育引导为主，根据行为性质分级分类确定处罚措施，体现出宽严相济相互融合的特点。

第二章　研究生学术规范

【内容提要】研究生在进行学术研究时应当遵守学术规范，学术规范具有引导学术研究、树立学术形象、促进学术创新、养成学术素养、助推学术对话、防范学术不端等重要作用。研究生学术规范作为研究生群体所要共同遵守的规则体系，应在其研究过程中、学术成果呈现中被严格遵守，本章主要结合研究生学术成果呈现的主要形式，着重从研究生成果呈现及署名规范、成果引用规范、学术评价规范、学术批评规范四个方面进行论证，并提出了研究生学术规范中的负面清单制度，以及不遵守学术规范或者因学术不端造成的后果承担问题。

第一节　研究生学术研究成果的主要体现形式

研究生在学期间，其学术思想的表达主要有这样几种类型。

一、课程论文、研究综述

课程论文，顾名思义，就是与课程密切相关的论文，通常是导师在讲授一门课程的过程中，为了更好地将本课程中的重要问题、已有资料或前沿性的趋势等让研究生在课程之内或者课程之外进行认真梳理总结，在考查研究生文献资料查阅基础上，辅以基本的写作，从而达到学术训练、对本门课程进行学术考察的目的。

　　研究综述，通常也称文献综述。通常是为了积淀研究生的学术素养、积累研究生的学术知识，由导师或者导师团队，又或者研究生自己，基于一定的学术兴趣，基于对学术趋势、学术新进展的把握，就某一学术领域、学术方向，或者具体的学术问题或研究专题，通过大量搜集资料，就研究现状、研究动态、研究进展、研究前景等进行综合分析、归纳整理和评论，作出综合性介绍和阐述的一种不同于学位论文的文体。

　　这两类形式，均是研究生教育中比较常见的学术训练，是研究生"入门级"的学术训练。

二、调查报告、调研报告

　　调查研究，是研究生所应具备的基本的研究素养，也是获得学术发言权的重要的支撑。一般来说，"调查"就是要深入实际，对现有客观情况的全面、客观、真实、理性把握，是有着科学的方法论支撑下的调查；"研究"则是对调查情况进行理性分析，从"事"中求"是"，从而充分认识事物的本质和规律。调查报告、调研报告事实上就是在研究生开展真实调查研究的基础上，进行抽象概括实质性反映调查研究的成果形式，这类形式也是研究生教育中较为常见的学术训练形式。这类形式不仅能够为研究生提供一种研究方法，更能为形成较好的学术素养提供基石。

三、学位论文

　　我国实行学位制度，学士、硕士、博士三个不同的层级，根据《中华人民共和国学位条例》的要求，要获得学位，就要写学位论文并且通过论文答辩。《中华人民共和国学位条例暂行实施办法》规定，硕士学位论文对所研究的课题应当有新的见解，表明作者具有从事科学研究工作或独立担负专门技术工作的能力。博士学位论文应当表明作者具有独立从事科学研究工作的能力，并在科学或专门技术上取得创造性的成果。学位论文能够系统反映学生对本学科知识掌握的广度、深度，反映其基本的学术素养和学术研究能力，是衡量学生从事科学研究和独立承担专门技术工作的能力是否已达到研究生培养目标的基本标尺。

四、学术论文、学术著作

学术论文、学术著作，一般是指在公开期刊发表或经由出版社公开出版的学术论文或著作。国家标准《科学技术报告、学位论文和学术论文的编写格式》（GB/T 7713—87）中将学术论文定义为某一学术课题在实验性、理论性或观测性上具有新的科学研究成果或创新见解和知识的科学记录；或是某种已知原理应用于实际中取得新进展的科学总结，用以供学术会议上宣读、交流或讨论；或在学术刊物上发表；或作其他用途的书面文件。发表学术论著这种形式对于研究生并不常见，但发表学术论文基本上是当下研究生教育的一种基本的学术要求，甚至是获得学位资格的一种要求。

五、发明专利等

专利和技术标准是研究生较为特殊的成果形式。在研究生的成长过程中，特别是"双创"背景下，即大学生创新创业背景下，这种形式更加呈现其生命力。专利作为智力成果的重要呈现形式，已开始融贯在研究生，特别是理工科研究生学术生涯之中，其在学术研究中将自身的研究或者创新，通过专利这种形式彰显出来，更是通过专利这种形式获得法律上的保护，甚至有的专利直接转化成现实利益。专利这种成果的呈现形式有着格式性的要求，是通过极具创新意义的专利说明书这种文本呈现出来，专利说明书也成为研究生学术成果的一种重要形态。

六、实验报告（原始记录）

观察和实验是自然科学研究获取科学事实的主要方法。自然科学的学术成果很多要寄托于有目的、有计划的科学观察和科学实验。

也因之，在该领域的研究生教育中，一个较多的学术成果呈现形式，就是撰写实验报告，记录和总结分析实验记录，将实验中观察、测量、计算的现象、数据等以报告的形式呈现。

第二节　研究生学术规范的概念与基本原则

一、研究生为什么需要学术规范

（一）什么是学术规范

1. 关于规范

关于规范，规即尺规，范即模具。这两者分别是对物、料的约束器具，合用为"规范"。在现实生活中更多的用作标准、原则之义，为一定群体所约定俗成或明文规定的行为标准，能够对行为人思维和行为形成约束力量。

2. 关于学术规范

所谓学术规范，是指学术共同体内形成的进行学术活动的基本伦理道德标准，或者根据学术发展规律制定的有关学术活动的基本准则，是整个学术共同体在长期学术活动中的经验总结，其表现形式是条文化的、简明扼要的各种要求、规则等。学术规范就是将学术共同体过去总结形成的一种学术秩序纳入现在和可预知的将来，从而维护学术共同体持续发展的一种规则体系。

（二）学术规范的基本特点

1. 学术规范的主体具有特定性

学术规范作为学术共同体必须遵守的准则，其制定主体、实施主体、执行主体等都指向学术共同体，也就是说学术共同体是学术规范的制定者和执行者。所谓学术共同体，是有共同价值追求和利益取向的学术研究群体，是一个以民主的、合作的方式探索真理、自我纠错的群体，也是以诚信为基础、以自律与他律为保障的科学活动群体。

2. 学术规范内容具有普遍性

学术规范就是在知识生产主体的相互关系中，约定俗成的形成共同信念、共同价值、共同规范，这些规范的内容是共同体经验的积累，符合共同体学术发展的普遍规律，对共同体成员具有普适性。

3. 学术规范强调他律性与自律性相统一

学术规范是一种内在认同与外在行为相统一的规范体系。学术规范对于研究者外在的行为具有很强的他律性或约束性，违反学术规范的学术人员要承担纪律责任，严重的还要承担法律责任。当然，学术规范核心是在学术共同体内部所构建的一种自觉约束机制，推动学术共同体自觉遵守、自觉践行，本身也是一种自律性的规范，只有遵守学术规范，才能在学术共同体中得到认可，如果违反了学术规范，就要受到否定。学术规范体现出较为鲜明的他律与自律的统一。

（三）研究生学术为什么需要规范

1. 研究生学术中存在以下一些违反学术规范的行为

一是抄袭剽窃。核心就是将他人的作品据为己有。如将他人已发表或未发表的作品，不注明出处，而作为自己的研究成果使用；或者将他人的学术观点、思想和成果全部或部分据为己有。

二是数据造假、篡改问题。故意选择性地忽略实验结果，任意取舍原始数据或试验，甚至伪造数据资料、拼凑数据材料。

三是署名乱象。未参加实际研究或者论著写作，未经原作者同意或违背原作者意愿，而在别人发表的作品中署名，或未经本人同意盗用他人署名。

研究生以上学术失范或者学术不端现象，为整个研究生教育造成了严重的"负面影响"，对学术界和教育界信誉的伤害是不可估量的，将使研究生教育丧失社会公信力，损害公平的社会选人机制。

2. 学术规范所具有的正向导向作用，是研究生需要学术规范的明证

一是学术规范有助于使学术活动制度化，学术活动标准化。

二是学术规范教育有助于树立研究生学术诚信的正面形象。学术素质是研究生素质教育的基本内容之一，学术诚信是科学精神的基底，是学术素质的核心。研究生学术素质的养成，需要学术规范的全面介入，毕竟学术规范是以学术诚信为基本前提。

三是学术规范有助于科技成果的合理使用。学术规范要求学术人员具备责任意识，是学术人员的学术兴趣、学术志向与责任心的一种有机结合，科技成果的合理使用，意味着通过科研的规范，更好地理解该成果的基本内容和相关规范性说明，以避免研究成果的不当使用。

四是学术规范有助于科技创新力的迸发。科技自由不是不受约束的自由，科技创新也需要基本的规范，学术规范是学术研究规律的基本呈现，是科研人员经验的积累，以此为基础，可以避免学术研究走弯路，特别是在知识爆炸时期，是否真正的创新可以通过学术的规范性进行一定的甄别。

五是学术规范有助于学术对话、学术交流。为了提高学术交流的效能，学术共同体需要一个大家公认的学术规则体系，在这个规则体系内进行学术的交往、对话，这些明确公认的学术规则体系、学术规范可以避免交流和对话中不必要的环节，提升交往、对话的质量。

二、研究生学术规范的基本原则

（一）《高等学校科学技术学术规范指南》提出的五项基本准则

《高等学校科学技术学术规范指南》提出五项科技工作者应遵守的学术规范基本准则，这也是研究生学术规范所必须遵守的

准则:①

（1）遵纪守法，弘扬科学精神。研究生作为初级的科技工作者，作为进入我国学历层次高端的群体，必须模范遵守我国的法律、法规，不得有任何危害国家安全和社会稳定、损害国家荣誉和利益的行为；应积极弘扬科学精神，倡导和传播科学思想和科学方法；正确对待各种自然现象，反对一切形式的迷信和伪科学。

（2）严谨治学，反对浮躁作风。研究生学术研究应坚持严肃、严格、严密的科学态度，以知识创新和技术创新作为科学研究的直接目标和动力，以追求真理、探索科学规律为己任，以严格的自律精神为准则，自觉维护学术尊严和学者的声誉。

（3）公开、公正，开展公平竞争。研究生在学术研究时，须在保守国家秘密、商业秘密，保护好个人隐私，保护好知识产权，尊重他人劳动成果和技术权益的前提下，尽可能公开科研过程和研究结果等相关信息，追求科研活动社会效益最大化。在学术竞争和学术合作时，必须坚持公平、公正原则，对竞争者和合作者作出的贡献，应给予恰当认同和评价，不得以各种不道德和非法手段阻碍竞争对手的科研工作，包括毁坏竞争对手的研究设备或实验结果等。

（4）相互尊重，发扬学术民主。对于学术研究来讲，相互尊重不仅影响着学术研究者本人的幸福感，还极大地影响着学术之间正常的协作，还推动着学术共同体和谐与健康发展。尊重包含这样几个内容，一是尊重事实，包含尊重历史和当下的事实，对于当下研究者的成果保有基本的尊重；二是尊重他人的知识产权，合理合规地引用他人的研究成果，承认和尊重他人的研究成果和优先权，反对不属实的署名和侵占他人成果；三是尊重他人对自己的学术批评，尊重他人对自己科研假说的证实和辩驳，对他人的质疑采取开诚布公和不偏不倚的态度，不作无理辩驳和谩骂；四是尊重合作者，尊

---

① 教育部科学技术委员会学风建设委员会：《高等学校科学技术学术规范指南》，中国人民大学出版社 2010 年版，第 9—10 页。

重合作者的能力、贡献和价值取向。

（5）以身作则，恪守学术规范。研究生进行学术研究时要坚持求真务实的学术作风，坚持科学的研究方法，自觉遵守科研伦理与学术规范，养成恪守学术规范的习惯。

（二）《关于加强科技伦理治理的意见》提出的五项基本准则

2022年3月在中共中央办公厅、国务院办公厅印发的《关于加强科技伦理治理的意见》中提出五项基本准则，是国家最新的关于科技伦理的要求，也是研究生学术规范必须遵守的基本的科研伦理原则。

（1）增进人类福祉。即科技活动应当以人为本，要坚持以人民为中心的发展思想，科研应为人民服务，应为国家服务。开展的科学研究应当有利于促进经济发展、社会进步、民生改善和生态环境保护，不断增强人民获得感、幸福感、安全感，促进人类社会和平发展和可持续发展。

（2）尊重生命权利。在推进科学研究时，应最大限度避免对人的生命安全、身体健康、精神和心理健康造成伤害或潜在威胁，及时地将经验、教训总结到科研规范中来，从而为后来的学术人减少风险。科研还必须尊重人格尊严和个人隐私，保障科技活动参与者的知情权和选择权。

（3）坚持公平公正。科技活动应尊重宗教信仰、文化传统、性别等方面的差异，公平、公正、包容地对待不同社会群体，防止歧视和偏见。

（4）合理控制风险。科技活动应客观评估和审慎对待不确定性和技术应用的风险，力求规避、防范可能引发的风险，防止科技成果误用、滥用，避免危及社会安全、公共安全、生物安全和生态安全。

（5）保持公开透明。科技活动应鼓励利益相关方和社会公众合理参与，合理的参与在我们看来事实上就是要建立起一种利益相关方和社会公众能够参与对话的一种合理的机制，对科研活动形成一种良性的公开的监督。

（三）研究生培养单位对研究生学术规范基本原则的坚守

对于研究生学术规范，一般各研究生培养单位，都会结合本单位实际制定专门的制度性规范，一则是对国家有关规定的贯彻落实，二则结合本单位实际因地制宜地制定出更适用于本单位的规范体系，做到防微杜渐。

第三节　研究生学术规范的基本内容

结合研究生从入学至毕业学术成长历程，以及其参与学术活动、呈现学术成果的形式等来看，研究生学术规范主要包含四种基本规范。

一、研究生成果呈现与署名的规范

研究生成果主要分为学位论文、学术论文（含课程论文）、调研报告、专利、实验报告等。而这些不同的学术成果形式，在成果呈现方面是有着特定的规范的，本书重点研讨三种基本呈现形式。

（一）学位论文的呈现规范

学位论文是研究生学术素养的综合体现，是衡量研究生创新能力的一个重要方面。对于学位论文的呈现，各个研究生培养单位均有着相应的规定，以编者工作单位的如下相关规定为例：

我校将学位论文的呈现分为 13 个主要部分：（1）封面；（2）扉页；（3）声明；（4）中文摘要；（5）英文摘要；（6）目录；（7）绪论；（8）论文正文；（9）结论；（10）参考文献；（11）附录；（12）后记（包括致谢）；（13）攻读学位期间发表的学术论文及取得的学术

成果。前 6 项为学位论文的前置部分，7—10 项为学位论文的主体部分，11—13 项为学位论文的后置部分。对于每个部分内容，都有专门的规范性要求：

1. 前置部分

关于封面的规范。应包括分类号、密级、单位代码、研究生学号、论文题目、研究生姓名、专业名称、指导教师姓名、学院名称、入学时间、论文提交时间等 11 项内容。

其中，论文"分类号"按《中国图书馆分类法》的分类号填写，这个分类法是运用知识分类的原理，将文献进行分门别类的科学归类，既便于收藏，又便于集中检索。

关于"密级"问题，这个也需要研究生们密切关注，国家学位委员会、教育部、国家保密局联合出台了《涉密研究生与涉密学位论文的管理办法》（学位〔2016〕27 号），在这个规范性文件中对于涉密研究生、涉密学位论文进行了清晰的界定，特别是对于涉密学位论文定密与管理问题进行了明确，涉及标志、密级、保密期限和知悉范围，这些论文包括撰写、打印等都是有着严密的规范性要求。涉及该领域的研究生及其学位论文，请根据情况在"无、秘密、机密、绝密"中选择其一填写。

关于论文题目，应能概括整个论文最重要的内容，应当简洁明了，字数不宜过多，一般不超过 25 个字。

关于扉页的规范。一般包括学位论文题目、课题受资助项目名称及项目号、学位论文页数、统计论文中使用表格数量、插图数量、评阅人姓名、指导教师姓名、学位论文完成日期等。

关于声明的规范。一般包括两部分，即原创性声明和学位论文使用授权声明。声明内容一般由学校统一规定，论文作者及导师应认真阅读并签名。

关于中文摘要的规范。摘要是学位论文内容概括性的简短陈述。摘要一般是学位论文主要内容的精炼、浓缩，应当体现出论文的创新点和新见解，内容应包括研究工作的目的、方法、成果和最终结论等，摘要一般还应突出学位论文的问题意识和解决方法。学位论文的摘要一般应能独立成篇，不要加评论性语言。研究生论文的中文摘要字数在 1000 字至 2000 字。摘要一般使用第三人称，避免使用"笔者""作者""我""本文"之类的第一人称表述形式。

摘要之后应有 3—8 个关键词，关键词可以更加集中地凸显出学位论文的主要论点，通过抽取关键的词语或词组以更好地表明全文主题内容。关键词应尽可能从《汉语主题词表》中选取，新学科的重要术语也可选用，关键词应选择对学位论文内容而言，具有实质性意义的、较为频繁出现的、联结作品脉络的词。

关于英文摘要的规范。英文摘要上方应有题目。英文题目下面第一行写研究生姓名，专业名称用括弧括起置于姓名之后，研究生姓名下面一行写导师姓名，格式为"Directed by…"英文摘要内容应与中文摘要相对应，要符合英语语法，语句通顺，文字流畅。摘要之后另起一行为英文关键词（Keywords 3—8 个）。

关于目录的规范。目录既是论文的提纲，也是论文组成部分的小标题，标题应简明扼要，应能清楚表明各章节的层次关系。目录按照本学科国内外通行的范式排版，原则上只排到二级标题，目录页的文字、数字应两边对齐。

2. 主体部分

关于绪论的规范。绪论的内容主要介绍本研究领域国内外研究现状，提出论文所要解决的问题以及该研究工作在学术发展、经济建设、科技进步等方面的实用价值与理论意义，论文运用的主要理论和方法、基本思路和行文结构等。

关于正文的规范。正文是论文的核心部分，呈现研究工作的分析论证过程。正文的总体要求是：实事求是、论据充分、结构合理、逻辑清楚、层次分明、重点突出、文字流畅、数据真实可靠。正文中的理论分析，对于科学论点要有充分的理论分析和实验论证，对所选用的研究方法要加以严谨的科学论证，理论分析要概念清晰、分析严谨；正文中实验设计要合理、观点要新，试验装置或计算方法要先进，模拟运算结果正确，并得到实验验证；正文中各类数据要真实、可靠，数据处理部分要有足够的数据作依据，计算结果正确无误；正文中图表应清晰整齐，摄影图片一律粘贴图片原件，不得采用复印件；正文中注释可采用脚注或尾注的方式，按照本学科国内外通行的范式，逐一注明本文引用或参考、借用的资料数据出处及他人的研究成果和观点，严禁抄袭剽窃。

关于结论的规范。结论为经过分析、推理、判断、归纳所形成的总的观点，结论要求明确、精练、完整、准确，阐述论文创造性成果或新见解在本领域的意义。应严格区分本人的研究成果与导师或其他人科研成果。

关于参考文献的规范。参考文献一般应是作者直接阅读过的，对学位论文有参考价值的发表在正式出版物上的文献，除特殊情况外，一般不应间接使用参考文献；引用他人的学术观点或学术成果，必须列在参考文献中。参考文献的排列按照学位论文中所引用的文献顺序列在正文末尾，并在文中的相应位置用上标标出，外文用原文。学位论文参考文献原则上不少于 50 篇。其中近 5 年的参考文献原则上不少于 60%，外文参考文献原则上不少于 1/5。

3. 后置部分

关于附录的规范。附录一般作为学位论文主体的补充项目，并不是必需的。主要包括：正文内过于冗长的公式推导；供读者阅读方便所需的辅助性数学工具、重复性数据图表；本专业内具有参考价值的资料；论文使用的符号意义、单位缩写、程序全文及其他有关说明等。

关于后记（包括致谢）的规范。后记主要用于记载作者在论文完成过程中非学术论证方面的需补充讲述的内容。其中包括对提供各类资助、指导和协助完成论文研究工作的单位和个人表示感谢，致谢应实事求是，切忌浮夸与庸俗之词（限 300 字）。

关于攻读研究生学位期间论文发表及科研情况的规范。列全本人攻读学位间取得的科研成果清单：论文（含著作）置前，科研成果（含获奖、专利、鉴定成果）置后，按论文（著作）发表、科研成果获奖的时间顺序排列。

（二）学术论文的呈现规范

《高等学校科学技术学术规范指南》指出，成果的呈现形态多种多样，如论文、著作、研究报告等。[①] 并指出这些成果的呈现一般都应有标题、内容摘要、关键词、导语、序。

1. 标题

标题也即学术论文及其内部章节段落的题目，所有学术成果都应有恰当的标题，这是论文的主要内容，一般一级标题就是论文的题目，二级标题就是指向了相关部分的题目。标题通常是以简明的词语反映学术成果特定内容的逻辑组合，是成果内容集中、高度的概括。

标题的基本要求是：（1）文题相符，不能题不对文，一个较好的标题，不但应当看到选题的范围，还应看到论证的主题也就是问题的焦点；（2）显示类型；（3）语句平易，简洁明了，结构清晰，不能模糊不清；（4）如果一个标题就能够清晰地表达出文章的内容和主题，则不需要副标题，如果主标题不足以概括和提炼论文主要内容，或者论文存在双重重点或附带内容，那么在主标题之外可加副标题，当然副标题的基本要求与主标题的要求是一致的。

2. 内容摘要

内容摘要也称提要，是对学术论文内容和主要观点的概括性的提炼总结。其写作目的，一是使读者不看全文即可尽快地了解论文的大致内容，从而判断是不是自己需要，是否进行进一步阅读；二是便于二次文献的编制，促进信息的交流与传播；三是可以让论文的脉络更为清晰、完整，也有利于文章的进一步升华。摘要一般包括中文摘要和外文摘要，主要是满足不同的群体阅读需要。一般学

---

① 教育部科学技术委员会学风建设委员会：《高等学校科学技术学术规范指南》，中国人民大学出版社 2010 年版，第 3 页。

术论文的摘要控制在 200—300 字，外文摘要一般在 250 个实词左右。同学位论文一样，摘要一般应使用第三人称的表述方式。

3. 关键词

关键词是指成果中起关键作用、最能代表成果中心内容特征的词或词组。关键词一般选取 3—8 个，置于内容摘要的下方和正文的上方。排列时可不考虑语法上的联系，仅仅是将几个关键词组合在一起。应在研究对象、学科归属、特殊方法、学术流派等方面选取关键词，选取关键词要注意其代表性、专指性、可检索性和规范性。

4. 导语

也称前言、导言、引言等，一般在学位论文或篇幅较长的论文中出现，引言的写作一般是在掌握了大量资料的基础上，为强调本研究的重要性而撰写，主要功能在于引出问题，让读者更好地知晓研究的必要性和研究的意义所在。引言的常规性内容一般包括：问题的由来、文献综述、存在的问题与解决问题的价值意义，作为学术论文的引言，篇幅不能过长。

5. 序

序不是成果的必要部分，是作者自己或他人向读者推介成果。

序可以是"自序"，也可以请其他人书写。

序应对成果作实事求是的推荐介绍，避免不切实际的庸俗吹捧；序作者未读原文而仅对成果涉及的问题发表意见，应如实向读者说明。

（三）专利的呈现规范

在很多单位或学校，将专利作为研究生学术成果的一种重要形式来认定。专利这种学术成果的呈现主要体现在专利授权书方面，其实专利作为学术成果不仅在于获得了一张专利授权书，更重要的在于规范的专利文书——专利说明书。

专利说明书属于一种专利文件，是指含有扉页、权利要求书、说明书等组成部分的用以描述发明创造内容和限定专利保护范围的一种官方文件或其出版物。

专利说明书中的扉页开门见山，主要揭示每件专利的基本信息的文件部分。包括：专利申请的时间、申请的号码、申请人或专利权人、发明人、发明创造名称、发明创造简要介绍［一般不超过300字，通常写法为："本发明提供了（涉及了、公开了）一种……（装置），包括……，通过……，可实现……]及主图（如机械图等）、发明所属技术领域分类号、公布或授权的时间、文献号、出版专利文件的国家机构等。

权利要求书是专利文件中限定专利保护范围的文件部分。权利要求书中至少有一项独立权利要求，还可以有从属权利要求。独立权利要求，一般采用两段式写法：前序部分（主题名称＋现有技术特征）＋特征部分，其中现有技术中部件的连接关系可写可不写。当然也有不适用两段式写法的情况，如开拓性发明、用途发明或化学物质发明；组合发明，因为难分主次，不宜采取两段式写法；方法改进发明，特别是省去某步骤，或步骤先后顺序的变化，或省去某步骤中采用的物质或材料等情况；产品改进发明，改进的仅仅是省去某部件，或者省去已知组合物中的某组分等情况。从事权利要求，主要分为三类：（1）只能引用其前面的权利要求，通常的规范是："如权利1要求所述的……，其特征在于，所述的……"（2）多项从属权利要求择一引用，通常的规范是："如权利要求1和2所述的……"（3）多项从属权利要求不得作为另一项多项从属权利要求引用的基础。

说明书是清楚完整地描述发明创造的技术内容的文件部分，附图则是对说明书文字部分的补充。各国对说明书中发明描述的规定大体相同，以中国专利说明书为例，说明书部分包括：技术领域，背景技术，发明内容，附图说明，实施例等。

技术领域的一般写法为："本发明涉及……，尤其涉及一种……"通过"尤其"来强调涉及的技术领域。关于背景技术，核心在于对于需求的论证，重点强调不能满足性，一般写法为："（写需求，现有技术的不足，引出本发明的必要性）……（现状需求），然而……（不足），因此，需要一种新的……以实现……"

发明内容是说明书写作的核心，一般包括要解决的技术问题、技术方案和有益效果。

（1）要解决的技术问题，该部分通常写法为："本发明要解决的技术问题是提供一种……，可实现……"即必须进行有针对性的书写，强调现有技术存在的主要缺陷或不足，一般要采用正面语句，直接、清楚、客观地表达，不得采用广告式、口号式的宣传用语。

（2）技术方案，作为专利申请的核心部分，其规范表述一般为："为了解决上述技术问题，本发明……由……组成。"即先表达独立权利要求的技术方案，然后对进一步改进的技术方案进行描述。

（3）有益效果。本部分的写作规范是必须论证清楚本发明与现有技术相比所具有的体现"显著进步"的有益效果。一般规范表述为："本发明的有益效果为：与现有技术相比……（对技术方案的主要技术特征进行分析），达到如产率、质量、精度和效率的提高；能耗、原材料、工序的节省；加工、操作、控制、使用的简便等有用性能。"

（四）关于署名的规范

《著作权法》明确规定："署名权，即表明作者身份，在作品上署名的权利。"署名权的行使，在大多数情况下就是用来说明作者身份的。关于署名权的主体，《著作权法》则提出有三种情形：创作作品的自然人、被视为作者的法人或非法人单位、由委托合同明确约定而取得作者身份的自然人、法人或非法人单位。

作者有决定署名或不署名（匿名）的权利，可以署其本名，也可以署笔名、假名、别名。关于署名的排列权，法律上规定合作作品署名顺序由作者协商决定。但从学术研究作品的一般惯例来看，作者应当在作品上署名，这是一种基本的学术要求和责任。而且，在学术研究中，还形成了一系列的基本性规范，如国家标准委在《科学技术报告、学位论文和学术论文的编写格式》（GB/T 7713—87）

中就给出了关于科学作品署名的相关规范。

在研究生学术成果署名过程中要避免以下几类不当署名情况：

（1）不当挂名。一是不当的挂自己导师的姓名，导师尽管对学生负有指导义务，但并不是针对每一篇作品都给予了实质性贡献，有的研究生可能出于讨好导师的目的，可能出于容易发表需要，也许出于被迫性规定，不经过导师同意而将导师的名字挂上。二是不当的挂名同学，可能出于互惠之目的，同学之间相互"搭车"，在各自的研究中署上对方之名，而实质上双方对对方的研究均无实质性贡献。

（2）冒用署名。为了研究成果能更顺利地发表，有的研究生在研究成果发表时，在作品中虚假增加一些该领域知名学者或者某个领域的权威学者之名。尽管这也是一种不当挂名的形式，由于该类被挂名者往往是与研究生本人及其研究不存在任何形式的关联，故我们将之作为一种单独的冒名形态。

（3）不当排序。这类情况比较典型，特别是研究生在成果署名时往往受到职位、职称、学历等因素的影响，或出于主动，或出于被动，未按照真实的学术贡献，正确地排序相关作者。

（4）不当署名单位。经常表现为研究生把在就读单位完成的相关研究发表时署上毕业后现单位的名称，而忽略了该研究原就读单位的贡献。另外一种不常见的表现是盗用其他无关单位名称。

二、学术引用与注释的规范

（一）学术引用的作用

学术引用，是学术研究中的重要组成部分，是在学术研究中通过引用已有文献来强化或证明自己的思想或观点的行为。学术引用在学术研究中，往往展现出这样几层作用：

一是证明或强化研究者开展的研究。通过对前人研究的详尽收集和认真分析，发现前人研究的得与失，证明研究者所要开展研究的这个领域仍存有未尽的科学问题且确有继续研究的必要，进而证明研究者开展的研究是必要的、积极的、有价值的。

二是尊重他人的知识产权。引用他人的文献，并清晰地标注出出处，从读者的角度而言，更有利于按图索骥，满足进一步的学习研究需要；从评价者的角度而言，更有利于进行学术创新、学术价值和学术影响力的判别。从知识产权的角度而言，引用时进行清晰的标识，是对他人劳动成果的一种尊重，对他人创造的一种尊重。

三是学术引用状况也是对学术繁荣程度的一种衡量。学术引用可以反映出在某个领域学术研究的基本状况，该领域学术研究群体的多寡、学术研究水平的高低，揭示着该领域学术研究的活跃程度。

（二）学术引用的基本原则

一是尊重原意原则。引用他人的作品，应当清晰地了解和把握别人作品中的基本意思，不能够曲解作者的意图，更不能断章取义。

二是必要原则。引文应当以必要为限，引用的目的是论证自己的观点，不可滥引，更不能将引用作为作品的主要或实质部分，引用应当与作品之间保持一种合理的平衡。

三是追溯原创原则。引用应尽可能地引注第一手文献，即应尽可能追溯到相关论说的原创者，只有这样才能真正把握学术的脉络。

四是引用权威原则。在学术引用中，尤其是在研究生学位论文写作中应当引用权威表达，无论是对自身观点的证明还是对这种权威表达的反对，都能够更好地体现出学术新锐的学术研究水平。

五是及时原则。引用一般以新近为基本原则，即引用学者最新的观点，引用其最新版本的著述。当然，也有相关部门专门提醒的需要引用的重点版本，如哲学领域，对马克思、恩格斯著作版本的强调，这种重点强调是对权威原则的遵守。

六是获得同意原则。学术引用应当征得作者的同意。特别是引用未发表作品应征得作者同意并保障作者权益。

七是清晰标注出处原则。凡引用均须标明真实出处，应当在文章中、页脚或文章末尾标注清楚引文的出处信息，如作者、书名或文章名、出版机构、出版年份、页码等。

（三）学术引文或注释的标注规范

本书以山东建筑大学提供的学术文献引用的标注规范进行例证。

（1）标注格式。引用参考文献标注方式应全文统一，标注的格式为［序号］，放在引文或转述观点的最后一个句号之前，所引文献序号一般采用 Times New Roman 体、以上角标形式置于方括号中，如："……成果［1］"。

（2）序号。标注的序号可选择如下两种方式之一：根据在正文中被首次引用出现的先后次序递增，或者按第一作者姓的英文字母或拼音字母的英文字母顺序递增，与正文中的指示序号一致。如一篇论著在论文中多处引用时，以第一次出现的序号为准；当某一论述同时引证多篇参考文献时，应采用［1，5，…］的格式，标注方括号中的序号按增序排列。当提及的参考文献为文中直接说明时，其序号应该与正文排齐，如"由文献［8，10 – 14］可知"。

（3）著录格式。参考文献的序号左顶格，并用数字加方括号表示，如［1］，［2］，…，每一参考文献条目的最后不用加结束符。在参考文献中的标点符号都采用"半角标点符号 + 空格"形式。只有 3 位及 3 位以内作者的，其姓名全部列上，中外作者一律姓前名后，外国人的名可用第一个字母的大写代替，如：William E.（名）Johns（姓）在参考文献中应写为 Johns W. E.；有 3 位以上作者的，只列前 3 位，其后加"，等"或"，et al."。

（4）参考文献类型及标识：根据 GB3469 规定，对各类参考文献应在题名后用方括号加单字母方式加以标识。以纸张为载体的传统文献类型及标识，见表1。非纸张型载体的电子文献类型及标识：对于数据库（Database）、计算机程序（Computer Program）、光盘图书（Monograph on CD – ROM）、电子公告（Electronic Bulletin Board）等非纸张型载体的电子文献类型的标识。

三、学术评价规范

没有科学有效的学术评价，就不可能有真正的学术创新和发展。

正常的学术评价应当具备以下基本原则。

（一）客观、公正、透明原则

学术评价中客观才有公信力、公正才有说服力、透明才有影响力。在学术评价中，客观要求评价者本着科学严谨的态度，对评价对象给出翔实客观的评价结论，这个结论要建立在充分的国内外对比数据或者检索证明材料基础上，是对评价对象的科学、技术和经济内涵进行的全面、实事求是的分析。评价应公正，如果学术评价时不能公正对待，对于评价对象而言将获得一个不公正的结果，对之的影响可能是终身的，这个评价结果也将会被质疑。透明则意味着学术的评价要以一种看得见的形式呈现，将学术评价放在阳光下。

（二）正当程序原则

严肃的学术评价要为学术成果负责，而且也是对研究者的不懈努力负责。所以，学术评价要树立程序意识，要符合最低限度的程序公正标准，避免学术评价中的随意行为。学术评价中通常采用同行专家评审制。学术评价中还实行回避制度，当评议者与被评议对象存在利害关系时，则应当回避。保密制度，即评议专家有责任保守评议材料秘密，不得擅自复制、泄露或以任何形式剽窃申请者的研究内容，不得泄露评议、评审过程中的情况和未经批准的评审结果。还有民主表决制度，避免学术中的"一言堂"、唯学术权威；另外，还有结果公示和意见反馈机制等基本的程序，通过遵守这些正当的程序原则，保障学术评价的合法、合规、合理性。

（三）符合学术发展规律原则

对科学研究成果的评价应当符合学术发展的基本规律，即科学评价应以学术创新的质量、贡献和绩效为基本导向，应当与学术科研人才的成长路径、科学研究不同类型的发展路径相适应，对学术研究的科学性和价值性进行评价。

四、学术批评规范

学术批评是学术研究的重要组成部分，也是推进学术繁荣的重要环节，通过学者间的学术争鸣、砥砺切磋来实现思想上的交锋、共鸣、增进；也是学术民主、学术自由以及反击学术不端的重要抓手，通过学术批评去伪存真、明辨是非，清理粗制滥造、假冒伪劣，净化学术风气。

正常的学术批评应当遵循以下几个原则。

（1）尊重学术原则。学术批评应当是基于学术而开展，不能够在学术之外进行过度的延展，要有的放矢，切忌将学术批评沦为人身攻击。学术批评有着自身的规律，从学术研究的角度对需要进行批评的成果进行提纲挈领的学术概括和分析，有理有据地对其学术观点、论据以及论证过程进行商榷、讨论、质疑。

（2）客观公正原则。学术批评务求客观公正，实事求是。在开展学术批评时，应当尽可能地收集充足的客观证据、资料作为批评的依据，既对批判对象的学术成果进行概括、描述和分析，又对其特征及背后的多维因素进行深层剖析与客观评价，避免批评的主观色彩。

（3）相互平等原则。学术面前人人平等，学术批评应当只唯实、只唯新。

（4）得体礼貌原则。"温、良、恭、谦、让"是中华民族的传统美德。在进行学术批评时也应该践行这一传统美德。当然，得体礼貌原则不是对学术批评的打折处理，而是强调在进行学术批评时注意用词用语的严谨、表达的恰当得体、态度的诚恳。

第四节　研究生学术不端防范与治理机制

一、学术规范中的负面清单制度

学术规范中的负面清单制度实质上就是讲的一种底线思维模式，是在辅助正面倡导模式下从反方向给学术行为划定"红线"，表明科研行为规范底线，以更清晰的形式明确学术规范的"禁区"，相对于正面引导，负面清单制度的"警示性"更强。管理部门、科研单位都开启了科研行为中负面清单制度的管理模式，建立科研行为负面清单定期发布与更新制度。

如：中国科协、教育部、科技部、卫生计生委、中科院、工程院、自然科学基金会联合发布了发表学术论文"五不准"的规定（科协发组字〔2015〕98 号），主要论述了学术论文发表中的 5 条"红线"，根据文件内容主要体现为五个"不准"，这事实上就是形成了一种负面清单。

以本书编者所在的单位为例，学校也专门规定了科研行为负面清单，在这个清单中根据类型对科研行为进行了划分，主要分为四种主要的大类，科研活动类、科研经费使用类、知识产权申请类、科研成果转化类，根据不同的类别明确该类型活动中不能逾越的"红线"，划定学术规范的"底线"。

第一种类型，科研活动类。在本类型中，主要有 9 种具体的行为：

（1）项目与成果申报，伪造或冒用他人签名，参与人、完成人无实际工作（贡献）署名。

（2）项目与成果申报，提供虚假信息、支撑材料，出具虚假、伪造证明。

（3）未按规定履行研究职责，擅自变更合作/协作单位，不提交项目中期（进展）报告，无故延期结题（验收）等。

（4）研究过程中伪造、篡改研究结果，编造实验，伪造数据等。

（5）抄袭、剽窃他人研究成果，买卖研究成果。

（6）利用评议、评审谋取私利。

（7）通过翻译软件，以语言润色名义修改论文实质内容，提供虚假信息违反同行评审政策，发表研究成果。

（8）违反保密、回避规定，未严格把握意识形态，不能正确把握政治原则问题、思想认识问题等。

（9）其他国家和地方法规制度等明确禁止的行为。

第二种类型，科研经费使用类。科研经费是科研活动的重要支撑，在经费使用中应合理、合法，且要真实应用于科研活动，这是基本的准则。但有 10 种行为，违背了这种基本的准则。

（1）借科研合作、协作之名，编造虚假合作、协作合同，以合作费、协作费、测试费等名义变相转拨套取科研经费：

①将科研经费转移到利益相关单位或个人；

②将科研经费转移到无实际开展项目科研活动的单位或个人；

③夸大合作单位、协作单位及测试单位贡献，抬高转拨经费。

（2）虚构科研活动，套取科研经费：

①编造虚假信息，虚报冒领科研绩效、劳务费和专家咨询费；

②虚构会议、培训，冒领、列支、转移科研经费；

③虚构加工测试项目、数量和标准等，违规开支套取测试化验加工费。

（3）报销没有真实经济业务发生、从其他渠道取得的发票或虚假发票：

①无明细清单的大额书费、打印费、办公用品费；

②无实际出差车船票、飞机票；

③大量连号出租车车票；

④发票内容和开票单位经营范围不符的发票等。

（4）开支与科研项目无关的活动：

①开支因私出国或旅游；

②开支娱乐场所消费费用；

③开支各种罚款、赔偿款、违约金、滞纳金、捐款、赞助、投资等。

（5）开支科研项目无关的设备、材料、办公用品、个人用品、家庭消费等。

（6）以购买购物卡、礼品和各类有价消费券等形式，开支科研经费。

（7）不按学校规定程序采购科研仪器设备材料等，与供应商搞不正当交易，接受供应商的宴请，收取回扣、佣金和其他任何形式的好处等。

（8）将同一笔业务拆分审批或财务报销，规避审查监督。

（9）发放劳务费，变相收回另作他用。

（10）其他国家和地方法规制度等明确禁止的行为。

第三种类型，知识产权申请类。这种类型主要指的是知识产权的合理归属问题，确保真正的知识产权人的权益得到保障。

（1）有关知识产权（专著教材、专利等），存在利益输送，未按实际贡献署名，或损害学校利益。

（2）著录事项变更，存在利益输送，将专利、软件著作权授权人变更为成果无实际贡献人。

（3）著录权事项变更，未征得全体发明人同意，伪造签名。

（4）申请专利，未按照协议约定，擅自变更专利申请人。

（5）开具计算机软件著作权完成证明，未按完成人实际贡献进行署名排序。

（6）其他国家和地方法规制度等明确禁止的行为。

第四种类型，科研成果转化类。科研成果的转化，主要是规范职务科技成果的合理归属问题，以及在成果转化中的一些不当行为。

（1）私自交易职务科技成果，擅自转让或变相转让，擅自实施或与他方合作实施，损害单位利益。

（2）科技成果转化收入，不按规定汇入单位指定账户。

（3）除合同条款约定外，私自向受让方索取或接受现金和其他物品，以提供技术支持等方式与受让方签订其他合同。

（4）未经单位许可，向科技成果受让方提供超出合同规定的技术资料。

（5）在科技成果转化过程中，弄虚作假，徇私舞弊，非法牟利，骗取奖励。

（6）在科技成果转化过程中，提供虚假技术资料、未按约定履行合同等，引起合作纠纷，损害单位声誉和权益。

（7）其他国家和地方法规制度等明确禁止的行为。

二、研究生学术不端的防范

很多研究生培养单位根据《高等学校预防与处理学术不端行为办法》制定本单位的具体制度，如编者所在学校制定了《山东建筑大学研究生学术道德规范管理条例》。

（一）明示学术不端的情形及认定处理程序、后果承担

通过明确研究生学术不端的情形，让在读的研究生对照自身的学术研究行为，从而形成一定警戒作用，在开展研究时达到不敢为、不能为之效果。我校明确规定了研究生可能存在的 13 种学术不端行为的情形：

（1）侵占、抄袭、剽窃他人学术成果；

（2）发表学术论文由除作者和期刊以外的任何机构和个人即"第三方"代写论文、代投论文或以语言润色的名义修改论文的实质内容，提供虚假同行评审人信息和违反论文署名规范；

（3）篡改、伪造原始记录、实验数据、调查数据等研究数据；

（4）未参加实际研究工作但在别人公开发表的论文、成果中署名；未征得合作者同意在公开发表的论文、成果中署名；未经项目负责人同意标注资助科研项目；

（5）学术论文一稿多投，或虚开、篡改发表论文录用函；

（6）伪造导师或专家推荐信、签名及其他评定（或审批）意见；

（7）未经导师同意，研究生署名"山东建筑大学"或导师姓名（不论第几作者）发表与所做课题有关的学术论文；

（8）诽谤、诬陷、辱骂或恶意诋毁导师、任课教师、论文（或成果）评审人和有关同学学术声誉；

（9）盗用、贩卖或擅自传播课题组技术专利、专有数据、保密

资料、有偿使用软件等未公开的集体成果；

（10）以不正当手段影响研究成果鉴定、奖学金评定、论文评阅、答辩等；

（11）在各类考试中，以任何形式作弊；

（12）违反国家有关法律、法规或学校有关规定，将应保密的学术事项对外泄露或公开；

（13）其他违背学术界公认的学术道德规范行为。

对于认定研究生学术不端的程序，一般是将研究生所在学院作为直接责任单位，即学院发现研究生学术不端行为或者经举报人举报发现时，由当事人所在学院第一时间组成调查小组，启动调查程序。调查小组要根据线索展开全面调查，对被举报人是否存在，以及存在何种学术不端行为作出认定，对情节严重程度作出判断，视具体情况提出处理意见的建议，并形成书面报告报学校研究生处核查、批准。凡经认定有违反学术道德规范、存在学术不端行为者，研究生处将认定、处理结果报校学术委员会学术道德委员会。对在校生可给予责令改正、批评教育、延缓答辩、取消评奖评优及学位申请资格等处理；对已授予学位的研究生，提交学校学位评定委员会审核判定，可撤销已授予的学位；违反学术道德特别严重而触犯法律者，移交司法机关依法追究法律责任。当然，研究生认为对违反学术道德行为的处理不公，可向校学术委员会学术道德委员会提出申诉。

（二）强化导师的责任

为了更有效地防范本校研究生出现有违学术道德规范乃至学术不端的状况，一般培养单位都会强调导师的主体责任，导师应当在指导研究生的第一课中就对研究生进行学术道德和学术规范教育，并在其日常的学术生活中时刻提醒、严格要求。

规定导师基本的审查责任，要对研究生的学术研究成果进行审查，使其研究不逾矩。对于因导师对研究生管理失职而引发的研究生违反学术道德规范，则应当承担相应的责任，培养单位给以导师通报批评、暂停招生，直至取消导师资格的惩戒。

（三）加强学校的教化培育

作为研究生培养单位，对于研究生的学术规范教育也要多措并举、常抓不懈，从而更好地提升研究生的学术伦理的整体水平。通常有如下常见形式：教学方面，将学术伦理纳入研究生课程体系，通过专业师资的教育进行学术伦理知识、规范的全覆盖；每个学期还要邀请不同领域的专家就学术伦理进行专题讲座，助推学术伦理的培育。学生教育方面，专职的辅导员开展主题性班会、主题性宣传活动等喜闻乐见的活动让学生接受。另外，学校通常还借助榜样的力量，通过典型引领示范作用，形成一种心理道德的内在牵引，引导学生由他律走向自律。

第二编

知识产权总论

改革开放以来，中国知识产权法治建设取得长足进步。现代知识产权规范系统形成以《中华人民共和国民法典》（以下简称《民法典》）为统领，以《中华人民共和国著作权法》（以下简称《著作权法》）、《中华人民共和国专利法》（以下简称《专利法》）、《中华人民共和国商标法》（以下简称《商标法》）、《中华人民共和国反不正当竞争法》（以下简称《反不正当竞争法》）为主干，以行政法规、地方性法规为补充的知识框架。

本书在知识产权现代化背景下，以我国知识产权法领域最新立法成果为主体内容，针对具有建筑学、土木工程学等智慧成果创造优势的工科学生，全面介绍强化知识产权全链条保护的相关知识，适当介绍域外知识产权保护的基础知识。本编作为知识产权法部分的开篇，主要阐述知识产权制度的概念、特征、民法定位、法律保护与国际保护等基本问题。

第三章　知识产权制度概述

第一节　知识产权的概念与范围

一、知识产权的概念

知识产权是人们依法对自己的智力成果、商誉和其他特定相关客体等享有的权利。[①] 对知识产权概念的理解应当注意以下几个方

---

① 参见王迁主编：《知识产权法教程》，中国人民大学出版社 2021 年版；参见郑成思主编：《知识产权法教程》，法律出版社 1993 年版。

面：第一，知识产权是产生于精神领域的非物质化财产权，区别于传统的物质财产权，知识产权是基于无形的智力成果、经营标志或知识信息所产生的权利；第二，知识产权并不能被笼统定义为基于"知识"产生的无形财产权利，而仅局限于具备知识产权法规定的特定形态和特征的对象，因此属于法定之权；第三，知识产权也并不等同于智力创造成果权。知识产权定义项下的各项权利并非全部源自人类的智力创造成果，还可能指称工商经营领域的企业经营标识、商业信誉等其他知识信息。

二、知识产权的范围

广义的知识产权包括一切人类智力创作成果，是人们在科学、技术、文化等知识形态领域中所创造的一切知识产品。知识产品并不限定于人类的智力创造性成果，结合现代社会无形财产的发展现状，应当分别在科学技术文化领域以及工商业经营领域内，将知识产品具体分为三个大类：一是作品及其传播媒介、工业技术的创造性成果；二是经营性标记；三是经营性资信。① 这三类知识产权泛在化地覆盖了文学艺术与工农商等产业领域的创造性成果、商业性标识以及经营性资信，具体包括著作权客体、邻接权客体、各类专利技术、商标商号等工业标记以及信用商誉等经营资信。

狭义的知识产权则指著作权（版权）、商标权与专利权，这也是知识产权传统的三种权利类型，并且是知识产权的核心组成部分。② 1883 年《保护工业产权巴黎公约》（简称《巴黎公约》）将专利权与商标权合称为"工业产权"，对两者进行合并管理；著作权则在 1886 年《保护文学和艺术作品伯尔尼公约》（简称《伯尔尼公约》）中被单独调整。因此，专利权与商标权又被合称为"工业产权"，著作权则单列为一类。

---

① 吴汉东主编：《知识产权法》（第五版），法律出版社 2015 年版，第 19 页。
② 沈达明编著：《知识产权法》，对外经贸大学出版社 2015 年版，前言部分。

第二节　知识产权的特征与性质

一、知识产权的特征

知识产权的保护对象为具有无形性的智力成果。基于知识产权无形性的本质特征，又可推演出其相对于有形财产权而言，具有独占性、地域性、时间性等基本特征。

（一）非物质性

知识产权的客体又被称为知识产品、智力成果，[①] 是一种没有形体的精神财富。其非物质性是相较于物权最根本的不同之处。物权的客体主要是看得见、摸得着的有体物，而知识产权的客体则是看不见、摸不着的无形的作品、发明创造、商誉等。这就使得知识产权人拥有迥异于物权所有人的占有、使用和收益的权利形态。

第一，知识产权人的使用行为不会造成知识产品任何有形的损耗结果。文学典籍可以历经千年而不衰，且在时间长河的冲洗中历久弥新，沉淀出更多人类智慧的结晶，以启后人之智。第二，知识产权产品的权利形式不以权利人有形控制或占有为必要的前提条件。知识产权不具有物质形态、不占有一定空间，因此权利人对其占有只能体现为对某种知识、经验在脑海中的感受和体悟，而不能转化为一种实在而具体的占有。第三，知识产品理论上可以被不同主体在不同地域同时利用，具有使用层面上的非竞争性。

（二）独占性

知识产权的独占性，又被称为排他性或专有性，[②] 是指未经知识产权所有人同意，又没有法律上的特别规定，任何人不得对其知

[①] 除此之外，学界还存在信息产权说、无形财产说等其他称谓。

[②] 王迁主编：《知识产权法教程》，中国人民大学出版社 2021 年版，第 6 页。

识产品进行任何使用或处分行为。即知识产权所有人对其智力创造成果享有一种专属于自己的排他权利。

虽然独占性是知识产权与所有权共同具有的效力特征，但由于知识产权本身的非物质性，两者在独占性权能效力方面也存在很大的区别。一方面，所有权的排他性不需要权利主体积极维护即可自然达成，知识产权的排他性却需要国家公权力的强力介入方可得以维护。对物权的非法占有意味着采取偷窃、抢劫等非法暴力手段，这种非法占有行为需要违法者付出极高的违法成本并面临严峻的法律制裁，但对知识产权的非法占有，并不等同于对知识产权载体的占有、使用或毁损，而是对其中精神产品未经授权的抄袭、仿制、发行或传播等，难以为权利人有效监管与防控。如果没有著作权法强势介入规制，那么知识产权的专有性也只能沦为空谈。另一方面，所有权的排他性与知识产权的排他性在效力方面存在差异。所有权的独占性是绝对的，虽然也受到一定程度的限制，但仅限于为国家公共利益考虑所作出的特定法律规范。而知识产权的独占性则具有现实层面的"相对性"，不仅受到法律层面各种限制措施（如著作权法中的合理使用与法定许可），还普遍受到时间性和地域性的限制。

（三）地域性

知识产权的地域性是指，知识产权只能依照一国的法律产生，除非有国际条约、双边或多边协定的特别规定，否则知识产权的效力只限于本国境内。[①] 知识产权的地域性特征意味着一国有权决定，在该国地域范围内，保护哪些特定种类的知识产权，制裁何种形式的知识产权侵权行为。地域性特征是知识产权区别于物权的重要特征。

地域性与知识产权非物质性的本质特征存在紧密联结，正是因为知识产权无法像有形财产权一样天然存在于所有人的控制和占有

---

① 王迁主编：《知识产权法教程》，中国人民大学出版社 2021 年版，第 11 页。

之下，不能凭借"权利推定原则"①，天然推定权利人对特定知识产品的占有状态，因此才需要国家通过特别立法或特别授权，明确其权利存在状态与权利存续范围。但随着国际贸易的发展，全球化进程越来越深入，知识产品自由流通的需求越发强烈。国际层面通过制定国际公约的形式，打破了知识产权的地域性的限制。

（四）时间性

知识产权的时间性是指，知识产权仅在法律规定的期限内受到保护，一旦超过法律规定的有效期限，这一权利将自行消失，相关知识产品成为整个社会的共同财富，供全人类共同使用。② 我国《著作权法》规定自然人作品的保护期限为作者终生加死亡之后 50 年，50 年后该作品将自动进入公共领域，其他人即可在未取得原作者继承人同意的前提下，免费使用或以其他文学形式进行再次发行。我国《专利法》规定，发明专利的保护期限为 20 年，实用新型专利和外观设计专利的保护期限为 10 年，一旦超出规定的保护期限，相关权利即自行进入公共领域，可被他人免费使用。

但是，时间性特征并不当然适用于知识产权的全部客体，商标权和商业秘密权就是时间性特征的例外。商标和商业秘密并未承载商标权所有人与社会公众之间利益平衡的目标任务，其创设的初衷也并非为公众欣赏或使用，不存在限制时间期限的政策理由。此外，商业秘密本身具有秘密性，一旦公开将导致其丧失全部价值，因此其非公开性特质也天然决定无法仅在特定时间期限内保护商业秘密。

二、知识产权的性质

知识产权法调整的是平等民事主体之间因知识产品的归属、利用、交换所发生的财产关系和人身关系，③ 在性质上属于私权属性

---

① 吴汉东主编：《知识产权法》（第五版），法律出版社 2015 年版，第 13 页。
② 吴汉东主编：《知识产权法》（第五版），法律出版社 2015 年版，第 15 页。
③ 张玉敏主编：《知识产权法》，法律出版社 2011 年版，第 22 页。

的民事法律关系。世界贸易组织也在《与贸易有关的知识产权协定》（简称 TRIPS 协定）的序言中宣称"知识产权为私权"，再次强调知识产权财产私有的法律性质。知识产权的私权属性也是将知识产权归类于民事权利范畴的基本依据，这就意味着知识产权的产生、行使和保护，都应适用于民法的基本原则和基本规则。

尽管知识产权法被打上私法标签，但与其他民事法律相比，受到更多国家公权力的干预和介入，含有较多行政性规范。例如，我国《著作权法》中规定的合理使用和法定许可制度，就是国家通过法律拟制强行将特定作品使用行为划归为合法范畴，限制著作权所有人的版权专有权益。又如，我国《专利法》中的专利强制许可制度，也是国家知识产权局在法定条件下强行剥夺发明人或设计人专利权的手段。

第三节　知识产权法的民法定位

一、知识产权法与民法的关系

知识产权法是民法对知识形态的无形财产进行法律化、权利化确认的结果，是从物的所有权中分离出来的新的独立的财产形态。知识产权法调整对象是平等主体因创造或使用知识产品而产生的财产关系和人身关系，其调整手段和适用原则也主要是民法的手段和原则，并没有独特的、仅属于其自己所有的调整对象和调整手段。知识产权法中包含的行政法、刑法以及其他属性法律规范占比很小，不足以构成改变知识产权法民法性质的影响因素。《民法典》第 123 条明确规定了"民事主体依法享有知识产权"，并列举了知识产权的类型。这是《民法典》对知识产权民法地位的宣示和确认。因此，民法是知识产权法的根基，知识产权法属于民法的范畴。

二、知识产权法与《民法典》的关系

2021 年 1 月 1 日起施行的《民法典》中，直接涉及知识产权（包含技术合同）的相关规定共计 52 条，但知识产权最终并未以独立成编的形式规制于《民法典》之中。由此可见，我国知识产权法采行的是"链接式"入典模式。知识产权法未能单独成编的主要原因是当前的立法技术及条件仍不成熟。一方面，我国知识产权立法一直采用民事特别法的立法方式。知识产权法中既规定民事权利等内容，也规定行政管理等内容，与相关国际条约保持总体一致。但《民法典》是调整平等民事主体之间法律关系的法典，难以纳入行政管理方面的内容，也难以抽象出不同类型知识产权的一般规则。另一方面，知识产权制度仍处于快速发展变化之中，国内立法、执法、司法等需要不断调整适应。如现在将知识产权法律规范纳入《民法典》，恐难以保持其连续性、稳定性。鉴于此，我国知识产权立法仍适宜采用民事特别法的立法方式，针对不同需求实行单项立法。已有知识产权单行法仍将继续保留。通过知识产权单行法健全知识产权相关制度，更有利于加强和完善知识产权保护。因此《民法典》中暂不宜设立知识产权编。①

尽管知识产权法未在我国《民法典》中单独成编，但两者之间仍存在多方面的密切关联。第一，民法典对知识产权法起到总体上的统领和支撑作用。《民法典》第 123 条对知识产权进行了概括规定，"民事主体依法享有知识产权"；第 185 条则特别规定了知识产权的惩罚性赔偿条款，"故意侵害他人知识产权，情节严重的，被侵权人有权请求相应的惩罚性赔偿"，宣示了加强知识产权保护的态度。这两条规定的意义主要在于确认知识产权的民事地位，为知

---

① 全国人民代表大会常务委员会法制工作委员会主任沈春耀向常委会做的民法典草案说明：《知识产权是否单独入典引发常委会委员热议》，载《法制日报》2018 年 9 月 4 日。

识产权保护提供基础性制度支撑。第二，知识产权法中虽然兼具民事规范和行政规范，但知识产权仍然是以民法为基本法的民事特别法。考虑到知识产权本身鲜明的公共政策性，知识产权法作为特别法应当有限适用，尽量避免随意援引民法以致破坏知识产权立法所欲达成的利益平衡状态。

第四节　中国知识产权制度的沿革与体系

本节拟对中国知识产权制度的历史沿革与体系构建进行回顾与梳理，以为知识产权强国战略纲要中知识产权发展的定位与规划提供些许参考。

一、中国知识产权制度的历史沿革

1979 年中美建交，以及后续《中美高能物理协议》与《中美贸易关系协定》的签署，是我国知识产权制度体系从无到有的开端。上述协议坚持以中方提供知识产权保护作为发展双边贸易的前提，从而直接引发我国国内相关部委和产业界对制定《专利法》《商标法》《著作权法》必要性的探讨。"知识产权"作为正式的法律用语，最早出现在 1986 年 4 月公布的原《中华人民共和国民法通则》中，并将知识产权界定为民事权利。1982 年、1984 年、1990 年，我国先后颁布了《商标法》《专利法》和《著作权法》。至此，我国知识产权基本制度框架得以建立。

2008 年 6 月 5 日，国务院颁布实施《国家知识产权战略纲要》，将知识产权工作上升到国家战略层面进行统筹部署和整体推进，为知识产权事业发展指出明确方向。这也是我国知识产权制度发展"从有到大"阶段的发端。在我国知识产权制度建设由"从无到有"到"从有到大"的过渡时期，起到重要推动作用的事件是中国正式加入世界贸易组织。经过多年的社会主义市场经济体制建设和入世谈判，中国于2001年12月11日加入世界贸易组织，成为第143名成员国。加入世界贸易组织前十年，为了与TRIPS协定的最低保护标准相一致，使我国的知识产权法律制度能够顺利与国际通行惯例相衔接，我国于2001年启动了一系列修法工作。为符合世界贸易组织要求，我国在入世前已相继对《专利法》和《商标法》作了二次修正，此番修正也为我国顺利加入世界贸易组织创造了有利条件。为了适应经济、社会形势的新发展，《专利法》于2008年进行了第三次修正，《著作权法》于2010年进行了第二次修正，《商标法》于2013年和2019年分别进行了第三次和第四次修正。

我国知识产权事业目前正处于"由大到强"的第三个阶段。2021年中共中央、国务院印发的《知识产权强国建设纲要（2021—2035年）》（以下简称《纲要》），即是我国在未来十五年建成知识产权强国的重大顶层设计，是新时代建设知识产权强国的宏伟蓝图。近年来，我国知识产权高质量发展态势日渐显著，知识产权强国建设也迈出了坚定步伐。至2022年年底，我国发明专利有效量为421.2万件，每万人口高价值发明专利拥有量达到9.4件。世界知识产权组织最新发布的《世界知识产权指标》报告显示，我国发明专利有效量位居世界第一。[①] 知识产权制度的建设与完善对我国经济发展与经济转型发挥了不可替代的重要作用，[②] 使我国知识产权治理体系日益完善、知识产权治理能力大幅提升、知识产权各项基础数据稳步增长。

二、中国知识产权制度的框架体系

下文将按照传统知识产权分类，对我国《著作权法》《商标法》及《专利法》的相关法律规定进行框架性阐释。

---

① 《2022年我国授权发明专利79.8万件知识产权高质量发展态势更显著》，载光明网，https://m. gmw. cn/baijia/2023 – 01/17/36308443. html。

② 董涛：《十年来中国知识产权实践探索与理论创新》，载《知识产权》2022年第11期。

　　《著作权法》于 1990 年由第七届全国人民代表大会常务委员会第十五次会议通过。主要为保护文学、艺术和科学作品作者的著作权，以及与著作权有关的权益，鼓励有益于社会主义精神文明建设作品的创作和传播，促进社会主义文化和科学事业的发展与繁荣。2001 年第一次修正，2010 年第二次修正，2020 年第三次修正。此外，我国著作权法律体系还包括《中华人民共和国著作权法实施条例》《计算机软件保护条例》《著作权集体管理条例》《信息网络传播权保护条例》以及《最高人民法院关于审理著作权民事纠纷案件适用法律若干问题的解释》《最高人民法院关于审理侵害信息网络传播权民事纠纷案件适用法律若干问题的规定》。

　　《中华人民共和国专利法》于 1984 年通过，主要为保护专利权人的合法权益，鼓励发明创造，推动发明创造的应用，提高创新能力，促进科学技术进步和经济社会发展。1992 年第一次修正，2000 年第二次修正，2008 年第三次修正，2020 年第四次修正。我国专利权法体系还包括《中华人民共和国专利法实施细则》《专利实施强制许可办法》《专利优先审查管理办法》以及《最高人民法院关于审理侵犯专利权纠纷案件应用法律若干问题的解释（二）》《最高人民法院关于审理专利纠纷案件适用法律问题的若干规定》等司法解释。

　　《商标法》于 1982 年第五届全国人民代表大会常务委员会第二十四次会议通过。主要为加强商标管理，保护商标专用权，促使生产、经营者保证商品和服务质量，维护商标信誉，以保障消费者和生产、经营者的利益，促进社会主义市场经济的发展。1993 年第一次修正，2001 年第二次修正，2013 年第三次修正，2019 年第四次修正。

第四章 知识产权侵权的法律保护

知识产权的保护对象是具有非物质性的知识产品。知识产品一经公开发行，创造者即无法保证相关信息能够一直处于排他的被控状态，面临随时被第三人未经授权复制、传播等非法侵权行为。因此，知识产品需要国家公权力介入，以特定的专门立法保护知识产权人的合法权利。目的在于维系权利人对知识产权客体的排他性控制，确保他人在以受专有权利规制的方式利用知识产权客体时，向权利人寻求许可并支付许可使用费，使知识产权人能够从中获得合理回报，从而鼓励、刺激更多的人从事创作和创造活动。

第一节 知识产权侵权行为的概念及构成

一、知识产权侵权行为的概念

知识产权侵权是指未经权利人许可，著作权、商标权、专利权或其他知识产权被他人非法侵害的侵权行为。可以分为直接侵权行为和间接侵权行为。直接侵权行为是指，未经知识产权权利人授权许可，且无知识产权法上的违法阻却事由，而行使权利人专有权益的行为。其关键有二：一是该行为是否受到知识产权专有权利的规制，二是是否存在知识产权法上特定的法定抗辩事由。

需要特别指出的是，知识产权直接侵权行为的判定并不以侵权人主观过错为必要构成要件，实行无过错归责原则。① 即只要未经知识产权人许可，也没有法律规定的抗辩事由，擅自实施受专有权利规制的行为皆构成直接侵权。行为人的心理状态、主观过错只会影响损害赔偿数额或救济方法，并不影响直接侵权行为的认定。

知识产权的间接侵权是指，行为虽然没有直接涉及知识产权保护客体，但为直接侵权行为提供了便利条件，从而促使了直接侵权行为的发生，侵犯了知识产权权利人的权益。我国《民法典》第1169 条第 1 款规定："教唆、帮助他人实施侵权行为的，应当与行为人承担连带责任。"因此，即使我国知识产权法没有对间接侵权作出明确规定，但教唆、引诱和帮助他人实施直接侵权的行为也可判定为构成间接侵权。

与知识产权直接侵权责任不同，知识产权间接侵权行为的判定适用过错归责原则。也即唯当间接侵权人明知他人行为构成直接侵权，仍然给予实质性帮助的，才能被判定为间接侵权。

二、知识产权侵权行为民事责任的构成要件

未经知识产权人许可或没有其他正当理由行使知识产权人所享有专有权利的行为都是侵权行为，依法应当承担民事责任。知识产权侵权包括 30 余种侵权类型，② 但一般构成要件主要有四个。

（一）权利人依法享有知识产权

无论是自动产生还是登记产生知识产权，均系权利人依法享有的对自主创造的智慧成果所享有的专有权利。

---

① 也有学者提出，知识产权侵权归责原则应当仅限于知识产权侵权损害赔偿的认定与计算，并且应当统一实行过错责任原则。参见冯晓青：《知识产权侵权规则原则之探讨》，载《江淮论坛》2011 年第 2 期。

② 详见最高人民法院《民事案件案由规定》。

（二）非法侵害他人依法享有的著作权、专利权等知识产权

知识产权人可依法使用，也可以通过一定方式许可他人实施知识产权，但第三人未经权利人许可，而以擅自使用或对外披露不应披露的商业秘密等方式，导致知识产权被他人非法获取、使用则构成侵权。在知识产权侵权行为中，对财产所有权的侵犯主要表现为侵占、妨害和毁损他人所有物的行为，涉及占有、使用、收益和处分等各个方面。加之知识产权客体的非物质性，知识产权侵权行为的作用对象应定位于作者、创造者的思想内容，而与知识产品的客观物质载体无关。

（三）未经知识产权人的许可，使用他人的知识产权或者进行生产销售获利

知识产权人可以根据自己的意思许可他人使用，实现智慧成果的共享，并获取经济利益回馈创造的付出，但未经许可的使用，如无法定的正当理由，则构成侵权。如我国《专利法》第 11 条规定："发明和实用新型专利权被授予后，除本法另有规定的以外，任何单位或者个人未经专利权人许可，都不得实施其专利，即不得为生产经营目的制造、使用、许诺销售、销售、进口其专利产品，或者使用其专利方法以及使用、许诺销售、销售、进口依照该专利方法直接获得的产品。外观设计专利权被授予后，任何单位或者个人未经专利权人许可，都不得实施其专利，即不得为生产经营目的制造、许诺销售、销售、进口其外观设计专利产品。"

（四）主观存在过错

具有法定正当理由合理使用的，不构成侵权。因为知识产权保护制度是对于创造智慧成果的权利人和社会公共利益之间进行的平衡保护，一方面如果他人有正当理由使用知识产权，法律通过合理利用、强制许可等方式允许合法使用，防止权利人滥用知识产权的专有权利而影响公共利益；另一方面，如果权利人不同意使用，而

使用人不具有正当使用的理由，则主观上存在侵害他人知识产权的故意或过失，应对知识产权侵害行为承担法律责任。

第二节　知识产权侵权的民事责任

知识产权的法律保护可以分为民事保护、刑事保护和行政保护。民事保护与刑事保护又可以被统称为"司法保护"。《国家知识产权战略纲要》第 9 条明确提出，"发挥司法保护知识产权的主导作用"，其中民事保护又是知识产权最主要和最基本的保护方法。因而本书将重点探讨民事保护与民事责任构成的有关问题。

按照法院施加民事责任所欲达成目标进行类别划分，知识产权侵权民事责任主要包括三类：一是停止侵害，防止损害后果进一步扩大；二是赔偿损失，以尽量弥补知识产权人所蒙受的损害；三是赔礼道歉、消除影响。由于知识产权各单行法对具有知识产权属性的责任承担方式缺乏全面规定，《民法典》第 179 条和第 1167 条[①]就成为确认知识产权侵权责任承担方式不可或缺的规范依据和现实基础。

一、停止侵权

对于未经授权或者在缺乏法律依据情况下擅自实施知识产权人专有权利的直接侵权行为，如在法院作出裁判时侵权行为仍在继续，停止侵权将成为法院要求侵权人首先承担的民事责任。[②] 停止侵害是知识产权权利人一项重要的救济措施，只要行为人实施了侵害知识产权的行为，不管是否造成了损失或行为人是否存在主观过错，

---

① 《民法典》第 179 条规定了 11 种承担民事责任的方式并确认了惩罚性赔偿责任，《民法典》第 1167 条规定了"停止侵害、排除妨碍、消除危险"等责任承担方式。
② 王迁主编：《知识产权法教程》，中国人民大学出版社 2021 年版，第 24 页。

知识产权所有人都可以立即请求法院判令行为人停止侵权行为。

但需要特别指出的是，对于特定的知识产权侵权行为，法院可以不判决停止侵权。《最高人民法院关于审理侵犯专利权纠纷案件应用法律若干问题的解释（二）》（2020 年修正）第 26 条规定："被告构成对专利权的侵犯，权利人请求判令其停止侵权行为的，人民法院应予以支持，但基于国家利益、公共利益的考量，人民法院可以不判令被告停止被诉行为，而判令其支付相应的合理费用。"

二、赔偿损失

构成知识产权赔偿责任的要件有四个：行为人实施了侵害知识产权的违法行为；权利人有财产损失；侵权行为与损害结果之间有因果关系；行为人有过错。

其中需要明确辨别的是，行为人主观过错的判断并非知识产权直接侵权判定的构成要件，但却是损害赔偿民事责任构成的必要前提。

我国知识产权相关法律也将过错条件作为侵权人承担民事损害赔偿责任的前提。如《最高人民法院关于审理著作权民事纠纷案件适用法律若干问题的解释》第 19 条规定："出版者、制作者应当对其出版、制作有合法授权承担举证责任。"第 20 条第 2 款更是明确规定："出版者对其出版行为的授权、稿件来源和署名、所编辑出版物的内容等未尽到合理注意义务的，依据《著作权法》第 53 条的规定，承担赔偿损失的责任。"

三、赔礼道歉

赔礼道歉是为弥补对知识产权中人身权利侵害而专门设计的一种民事责任形式。严格来讲，专利法中并不包含知识产权法意义上的人身权利，因此赔礼道歉并不属于侵害专利权的民事责任。[1] 但

---

[1]　王迁主编：《知识产权法教程》，中国人民大学出版社 2021 年版，第 26 页。

著作权法为著作权人专门设立了著作人身权，因此当非法复制、篡改、传播等行为侵害了著作权人的人格利益时，无法仅通过停止侵权与赔偿损失弥补权利人的精神创伤。法院只有判令侵权人赔礼道歉或采用其他消除影响的手段，才能够一定程度上弥补侵权行为对著作权人声誉造成的影响，或者起到情感及精神抚慰的作用。我国《著作权法》第 52 条即为对赔礼道歉民事责任的相关规定：未经著作权人、合作作者等许可，以发表、署名、歪曲篡改、剽窃、展览等形式使用其作品的，应当承担停止侵害、消除影响、赔礼道歉、赔偿损失等民事责任。

《商标法》并未对商标权专用人规定专门的人身权利，但商标标识本身是其所对应产品或企业商誉的重要载体。商标侵权行为极有可能对特定商标指向的产品或服务进行恶意诋毁或丑化，对商标承载的商誉造成严重损毁。此种情形下，法院在判定商标侵权人承担经济损害赔偿责任的同时，还可以要求其以登报或公告形式消除侵权行为为企业等经营主体商誉带来的不利影响。

第五章 知识产权的国际保护

由于知识产权本身的地域性特征，在一国受知识产权法保护的知识产品，并不能自动当然获得他国同等力度的知识产权保护，极大阻碍了经济、文化产品的国际流通与交易。因此对知识产权国际保护制度的构建，是打破知识产权地域性藩篱、推动国际贸易合作的重要手段。知识产权的国际保护途径有多种表现形式，具体包括互惠或对等原则、签订双边协议、签订多边国际条约等。

第一节 知识产权国际保护的发展历程

国际知识产权保护制度的建立肇始于 1883 年《巴黎公约》与 1886 年《伯尔尼公约》。两大公约的出现带来知识产权国际保护的两大联盟：巴黎联盟和伯尔尼联盟，国际知识产权体制的基石也由此得以奠定，① 知识产权的国际保护也由此正式拉开帷幕。知识产权的国际保护并不产生取代各国国内知识产权立法的功能，而是借助国民待遇原则和独立保护等基本原则，与国内法协同发挥效力。一方面，各国借助知识产权国际公约拟定本国的知识产权保护法律

---

① Peter K. Yu, Teaching International Intellectual Property Law, 52 St. Louis U. L. J. 923, 926 (2008).

框架；另一方面，各国对各自国内的知识产权标准设定又保留充分的自主权。①

1967 年，巴黎联盟和伯尔尼联盟成员国在瑞典斯德哥尔摩签订了《成立世界知识产权组织公约》，并在 1970 年根据该公约成立了世界知识产权组织，总部设立在瑞士日内瓦。世界知识产权组织的建立，连带其下管辖的一系列知识产权国际条约，使知识产权的国际保护正式驶入高速发展的快车道。由此，知识产权的国际保护进入了协调发展阶段，实现了"有组织的全球化"。②

此后，随着经济全球化不断深入发展，发达国家认为现有的知识产权水平不足以保护其本国的文学艺术作品与科学技术发明创新。1994 年 4 月 15 日，在发达国家主导下，由关税及贸易总协定发起的"乌拉圭回合"谈判的最后文件在摩洛哥的马拉喀什签署，并由此达成两项重要成果：一是成立世界贸易组织（以下简称世贸组织），结束关税及贸易总协定的临时适用状态；二是达成由世界贸易组织管辖的 TRIPS 协定在内的一揽子协定。

随着世贸组织取代关贸总协定以及 TRIPS 协定的签订，知识产权实现了"三个一体化"：国际保护标准在缔约方之间的一体化、国际保护规则从实体到程序的一体化、国际保护体系与国际贸易体制的一体化。③ TRIPS 协定不仅将知识产权与国际贸易相互联结，还通过设立知识产权最低保护标准与强制性争端解决程序，使世界贸易组织成员方必须依照该标准修订其国内法。至此，知识产权的国际保护力度空前强化，极大压缩了成员方各自的立法自主权和政策空间。

---

① Peter Drahos, Intellectual Property and Human Rights, Intellectual Property Quarterly, Vol. 3 (1999), 349–371.
② 郑万青：《知识产权法律全球化的演进》，载《知识产权》2005 年第 5 期。
③ 吴汉东：《知识产权国际保护制度的变革与发展》，载《法学研究》2005 年第 3 期。

第二节　知识产权国际保护的主要组织

知识产权国际保护组织主要包括政府间国际组织和非政府间国际组织两个大类。政府间国际组织主要包括：世界知识产权组织（World Intellectual Property Organization，WIPO）、世界贸易组织（World Trade Organization，WTO）、联合国教科文组织（United Nations Educational，Scientific and Cultural Organization，UNESCO）、国际植物新品种保护联盟（International Union For the Protection of New Varieties of Plants，UPOV）等；非政府间国际组织主要包括：国际商标协会（International Trademark Association，NTA）、国际作者和作曲者协会联合会（International Confederation of Societies of Authors and Composers. A non – governmental，CISAC）等。

知识产权的国际保护格局呈现"两个中心、多种渠道"的总体局面。[①]　其中"两个中心"即指世界知识产权组织和世界贸易组织。

一、世界知识产权组织

（一）世界知识产权组织概况

世界知识产权组织（WIPO）是联合国保护知识产权的一个专门机构，是致力于利用知识产权作为激励创新与创造手段的政府间国际组织，总部设置在瑞士日内瓦。世界知识产权组织主要负责通过国家间合作促进全世界知识产权的保护工作，管理建立在多边条约基础上的关于专利、商标和版权方面的 23 个联盟的行政工作，并办理知识产权法律与行政事宜。旨在通过国家之间的合作，必要时

---

　　① 牛强：《审慎的反思与理性的建构——评〈知识产权国际保护制度研究〉总论部分》，载《电子知识产权》2008 年第 1 期。

通过与其他国际组织的协作，促进全世界对知识产权的保护。世界知识产权组织很大一部分财力投入发展中国家的知识产权开发合作工程之中。通过促进发达国家向发展中国家转让技术，推动发展中国家的发明创造和文艺创作活动，以促进欠发达国家和地区科技、文化和经济的发展进程。

世界知识产权组织的前身是由《巴黎公约》和《伯尔尼公约》的管理机构合并而成的"保护知识产权联合国际局"。1967 年，该联合国际局提议成立世界知识产权组织。同年，由 51 个国家代表在瑞典首都斯德哥尔摩签署了《建立世界知识产权组织公约》（Convention Establishing the World Intellectual Property Organization）。该公约于 1970 年起生效，从此宣告世界知识产权组织的正式成立。1974 年，世界知识产权组织成为联合国组织系统的第 15 个专门机构。我国于 1980 年 6 月 3 日成为该组织第 90 个成员国。

时至今日，世界知识产权组织管理着涉及知识产权保护方面的20 多项国际公约。其中，我国已加入的有：《建立世界知识产权组织公约》《巴黎公约》《专利合作条约》《伯尔尼公约》《保护唱片制作者，防止其唱片被擅自复制的公约》《商标国际注册马德里协定》《世界知识产权组织表演与唱片条约》等。

（二）世界知识产权组织的组织机构

世界知识产权组织由成员国大会（General Assembly）、成员国会议（Conference）、协调委员会（Coordination Committee）和国际局（International Bureau）四个机构组成。

成员国大会是世界知识产权组织的最高决策机构和最高权力机构。具体职责包括：根据协调委员会的提名，任命总干事；审议、批准协调委员会的报告与活动以及总干事的报告；通过各联盟共同的三年开支预算和该组织的财务条例；邀请未加入任何联盟的国家加入该条约，决定参加其会议的观察员资格；批准总干事提出的关于担任或参加其他旨在促进知识产权保护的国际协定的行政管理措施；参照联合国管理，决定秘书处的工作语言；行使其他适合于该公约的适当职权。

成员国会议由该公约全体成员国组成，职能为讨论或通过知识产权领域内普遍关心的事项，具体包括制订法律—技术援助计划、制定会议的两年预算、通过公约的修订案、决定参加其会议的观察员资格等。

协调委员会由担任巴黎联盟或伯尔尼联盟或兼任该两联盟的执行委员会委员的该公约成员国组成，是为保证各联盟之间的合作而设立的机构。主要职责是就一切有关行政财务问题提出意见，拟定大会的议程草案，提出总干事若干候选人名单。既是解答问题的咨询机构，也是成员国大会和成员国会议的执行机构。

国际局是世界知识产权组织的常设办事机构，即秘书处，其行政首脑为总干事，另设两名或两名以上的副总干事。国际局担负处理该组织及其管理国际条约的日常事务的职能。具体包括：为本组织及其管理机构和联盟的各种会议准备所需文件，如起草各种条款、报告及其他工作文件；负责召集和主持各公约规定的会议及相关会议；在会议闭会期间，国际局必须保证将会议的决议、报告等送达有关各方，并在职责范围内保证其实施；收集与知识产权有关的各种信息，应成员国请求予以传送，并将更多信息以英文、法文、西班牙文在国际局每月出版的《工业产权与版权》上刊登；发起一些旨在促进成员国之间在知识产权领域进一步国际合作的项目；对《专利合作条约》项下的专利登记、《商标国际注册马德里协定》（以下简称《马德里协定》）项下的商标注册、《海牙协定》项下的外观设计备案以及《里斯本协定》项下的产地名称注册办理国际注册；在国际范围内，为私人在商业活动中发生的与知识产权有关纠纷提供仲裁与调解服务。

（三）世界知识产权组织的宗旨与职能

世界知识产权组织的宗旨主要有两个。一是通过国家间合作，以及与其他国际组织的协作，促进国际范围内对知识产权的保护。二是保证各种知识产权公约所建立的联盟之间的行政合作。

《成立世界知识产权组织公约》第 4 条规定了世界知识产权组织的八项职能：（1）促进旨在便利全世界对知识产权的有效保护和协调各国在该领域内立法措施的发展；（2）执行巴黎联盟、与该联盟有联系的各专门联盟以及伯尔尼联盟的行政任务；（3）可以同意担任或参加任何其他旨在促进保护知识产权的国际协定的行政事务；（4）鼓励缔结旨在促进保护知识产权的国际协定；（5）对于知识产权领域内请求法律—技术援助的国家给予合作；（6）收集并传播有关保护知识产权的情报，从事并促进该领域内的研究，并公布这些研究成果；（7）维持有助于知识产权国际保护的服务机构，在适当情况下提供这方面的注册以及有关注册资料的公开；（8）采取一切其他适当的行动。

二、世界贸易组织

（一）世界贸易组织概况

世界贸易组织是一个独立于联合国的永久性国际组织，总部位于瑞士日内瓦。其主要职能是调解纷争，是贸易体制的组织基础和法律基础，还是众多贸易协定的管理者、各成员贸易立法的监督者，以及为贸易提供解决争端和进行谈判的场所。我国于 2001 年 12 月 11 日正式加入世界贸易组织。迄今为止，世界贸易组织一共有 164 个成员，24 个观察员。

（二）世界贸易组织的组织机构

世界贸易组织的组织机构主要有部长级会议、总理事会、总干事和秘书处、争端解决机构。其中部长级会议是世贸组织的最高权力机构，由所有成员国主管对外经贸的部长、副部长级官员或其全权代表组成。部长级会议至少每两年举行一次，拥有如下所述广泛的权力：立法权；准司法权；豁免某个成员在特定情况下的义务；批准非世贸组织成员所提出的取得世贸组织观察员资格申请的请示。部长级会议下设贸易政策评审机构、争端解决机构、各专门委员会及总理事会。

总理事会是部长会议休会期间履行部长会议职能的常设机构。在部长会议休会期间，由全体成员代表组成的总理事会代行部长会议职能。总理事会可视情况需要随时开会，自行拟订议事规则及议程。随时召开会议以履行其解决贸易争端和审议各成员贸易政策的职责。总理事会下设货物贸易理事会、服务贸易理事会、知识产权理事会。这些理事会可视情况自行拟订议事规则，经总理事会批准后执行。各专门委员会则负责处理特定的贸易及其他相关事宜，目前已设立贸易与发展委员会、国际收支限制委员会、预算财务与行政委员会、贸易与环境委员会等 10 多个专门委员会。

（三）世界贸易组织的目标、宗旨和基本原则

1. 世界贸易组织的目标

世界贸易组织的目标是建立一个完整的、更具有活力和永久性的多边贸易体制。

2. 世界贸易组织的宗旨

世界贸易组织的宗旨是：提高生活水平，保证充分就业和大幅度、稳步提高实际收入和有效需求；扩大货物和服务的生产与贸易；坚持走可持续发展道路，各成员方应促进对世界资源的最优利用、保护和维护，以符合不同经济发展水平下各成员需要的方式，采取各种相应的措施；积极努力确保发展中国家，尤其是最不发达国家在国际贸易增长中获得与其经济发展水平相适应的份额和利益。

3. 世界贸易组织的基本原则

世界贸易组织的基本原则包括：互惠原则、透明度原则、市场准入原则、促进公平竞争原则、经济发展原则与非歧视原则。[①]

互惠原则，也叫对等原则，是指两成员方在国际贸易中相互给予对方贸易上的优惠待遇。

透明度原则是指，世界贸易组织成员方应公布所制定和实施的

---

① World Trade Organization，https：//www.wto.org/english/res_e/res_e.htm.

贸易措施及其变化情况，没有公布的措施不得实施，同时还应将这些贸易措施及其变化情况通知世界贸易组织。此外，成员方所参加的有关影响国际贸易政策的国际协定，也应及时公布和通知世界贸易组织。

市场准入原则要求各国以开放市场为目的，有计划、有步骤、分阶段地实现最大限度的贸易自由化。市场准入原则的主要内容包括关税保护与减让，取消数量限制和透明度原则。世界贸易组织倡导最终取消一切贸易壁垒，包括关税和非关税壁垒。

促进公平竞争原则主张采取公正的贸易手段进行公平的竞争，不允许缔约国以不公正的贸易手段进行不公平竞争，对倾销和补贴都作了明确的规定，特别禁止采取倾销和补贴的形式出口商品。

经济发展原则也称鼓励经济发展与经济改革原则，以帮助和促进发展中国家的经济迅速发展为目的。如允许发展中国家在一定范围内实施进口数量限制或提高关税的"政府对经济发展援助"条款。要求发达国家单方面承担义务，而发展中国家无偿享有某些特定优惠的"贸易和发展条款"，以及确立了发达国家给予发展中国家和转型国家更长的过渡期待遇和普惠制待遇的合法性。

非歧视原则包括两个方面，一是最惠国待遇，二是国民待遇。最惠国待遇是指，缔约一方现在和将来给予任何第三方的一切特权、优惠和豁免，也同样给予缔约对方。国民待遇是指应同等对待外国的货物、服务以及知识产权。

第三节　知识产权国际保护的主要国际公约

双边协议只对缔约双方具有约束力，效力范围具有明显局限性。知识产权多边国际条约可以更高的保护标准，在更大范围内解决知识产权保护问题，构成知识产权国际保护体系的主要组成部分。按照订立目的标准，国际条约可以分为"建立"知识产权国际保护制度条约和"促进"知识产权国际保护条约。前者包括：《伯尔尼公约》、《巴黎公约》和《制止商品来源虚假或欺骗性标记马德里协定》等；后者包括《专利合作条约》《马德里协定》等。按照效力范围标准，国际条约可以分为"世界性"条约和"区域性"条约。前者的缔约内容通常是相关领域知识产权保护的最低标准，并在知识产权国际条约保护体系中起主导作用，包括《成立世界知识产权组织公约》、TRIPS 协定等；后者多以区域文化、社会、经济协调发展为规制目标，主要包括《欧洲专利公约》《北美自由贸易区协定》等。本节将按照知识产权法主要调整对象的分类标准，介绍《伯尔尼公约》《巴黎公约》和《马德里协定》的相关内容。

一、保护文学和艺术作品伯尔尼公约

《伯尔尼公约》于 1886 年 9 月 9 日制定于瑞士伯尔尼，是世界上第一部国际版权公约，确立了一个能够为多数国家接受的最低限度的著作权保护国际标准，由世界知识产权组织管理。该公约 1992 年 10 月对我国正式生效。该公约的现行文本是 1971 年巴黎修订版，主要就著作权国际保护的基本原则、受保护作品的范围、最低限度保护标准以及对发展中国家有限的特殊待遇问题等作了规定。

《伯尔尼公约》的基本原则包括双国籍国民待遇原则、自动保护原则、独立保护原则，这些原则同时也是版权国际保护领域的具体制度。① "双国籍国民待遇原则"是《伯尔尼公约》的基石和支柱。双国籍是指作者的国籍和作品的国籍。如果作者是成员国的国民，其作品无论是否在缔约国出版，都享有国民待遇；如果作者是非成员国的国民，其作品首次是在某一个成员国出版，或者在非成员国与成员国同时出版，则不论作者是哪国国民，也同样享有成员国的国民待遇。这个原则也适用于在成员国有住所或习惯居所的不具有成员国国籍的作者。"自动保护原则"指，能够在成员国中享

① 张玉敏主编：《知识产权法》，法律出版社 2005 年版，第 65 页。

有国民待遇的著作权人，作品一经作成，不必履行登记手续，也不必送交样本，就自动受到保护。"独立保护原则"是指某成员国民就同一智力成果在其他缔约国（或地区）所获得的法律保护是互相独立的。知识产权在某成员国的产生、被宣告无效或终止，并不必然导致该知识产权在其他成员国也产生、被宣告无效或终止。

《伯尔尼公约》第7条规定了各成员国著作权法保护的最低期限：（1）本公约给予保护的期限为作者终生及其死后50年；（2）但对于电影作品，本联盟成员国有权规定，保护期限自作品在作者同意下公映后50年届满，如自作品摄制完成后50年内尚未公映，则自作品摄制完成后50年届满；（3）对于不具名作品和具笔名作品，本公约给予的保护期为自其合法向公众发表之日起50年。但如作者采用的笔名不致引起对其身份发生任何怀疑时，该保护期则为第一款所规定的期限。如不具名作品或具笔名作品的作者在上述期间内披露其身份，则适用第1款所规定的保护期限。本联盟成员国没有义务保护不具名作品或具笔名作品，如果有充分理由假定其作者已死去50年；（4）本联盟成员国有权以法律规定摄影作品及作为艺术品加以保护的实用美术作品的保护期限；但这一期限不应少于自该作品完成时起25年。

《伯尔尼公约》第5条第2款并未对版权归属的法律适用进行统一规制，而交由各国国内法自行解决。

二、保护工业产权巴黎公约

《巴黎公约》，于1883年在巴黎签订，1884年正式生效，其调整对象是工业产权，包括发明专利、实用新型、工业品外观设计、商标权、服务标记、厂商名称、货物标记或原产地名称以及制止不正当竞争等。公约的基本目的是保证成员国的工业产权在其他成员国都能够得到保护，与《伯尔尼公约》一起构成全世界范围内保护工业产权和文学艺术作品的两个"基本法"。1985年中国成为该公约成员国，并在加入书中声明：中华人民共和国不受公约第28条第

1 款的约束。为顺应《巴黎公约》的要求，我国先后制定了《商标法》《专利法》《反不正当竞争法》《消费者权益保护法》《广告法》等相关法律。《巴黎公约》自 1883 年签订以来，已做过多次修订，现行的是 1980 年日内瓦修订版，共 3 组 30 条，第 1—12 条为实质性条款，第 13—17 条为行政性条款，第 18—30 条是关于成员国的加入、批准、退出及接纳新成员国等内容，称为"最后条款"。

《巴黎公约》中的基本原则包括国民待遇原则、优先权原则、独立保护原则和临时保护原则。"国民待遇原则"规定，在工业产权保护方面，公约各成员国必须在法律上给予公约其他成员国与其国民相同的待遇；即使是非成员国国民，只要他在公约某一成员国内有住所，或有真实有效的工商营业所，亦应给予相同于该国国民的待遇。

"优先权原则"是指已经在一个成员国正式提出了发明专利、实用新型专利、外观设计专利或商标注册的申请人，在其他成员国提出同样申请的，在规定期限内应该享有优先权。在规定的申请优先权期限届满以前，任何后来在公约其他成员国提出的申请，都不因在此期间内他人所作的任何行为，特别是另一项申请、发明的公布或非法利用、出售设计复制品或使用商标等行为而失效。《巴黎公约》中的优先权只适用于发明专利、实用新型、外观设计和商标，而不适用于商号、商誉、产地名称等。

"独立性原则"是指对于外国人的专利申请或商标注册申请，均应由各成员国根据其本国法律规定的条件独立作出决定，不受原属国或其他任何国家就该项申请作出的决定的影响。

"临时保护原则"规定各成员国必须依本国法律，对于在任何一个成员国内举办的官方或经官方承认的国际展览会上展出的商品中，可以为发明、实用新型或外观设计及可以申请注册的商标申请临时保护。发明、实用新型的临时保护期通常为 12 个月，商标、外观设计的临时保护期通常是 6 个月。在该保护期内提出的申请，其申请日以该商品在国际展览会上公开展出之日为准。

《巴黎公约》第 5 条 A（1）规定，专利权人将在本联盟任何国家内制造的物品输入到对该物品授予专利的国家，不应导致该项专利的取消。《巴黎公约》第 5 条 A（2）对此作了进一步规定，各缔约方有权采取立法措施规定授予强制许可，以防止由于行使专利所赋予的专有权而可能产生的滥用，例如不实施。但《巴黎公约》并未对"实施"作出定义，而将解释权授予各缔约方。

三、商标国际注册马德里协定

《马德里协定》签订于 1891 年，是用于规定、规范国际商标注册的国际条约。1989 年马德里联盟大会上通过的《商标国际注册马德里协定有关议定书》（简称《马德里议定书》）是对协定的补充和完善，使马德里体系更具灵活性和可操作性。《马德里协定》和《马德里议定书》共同构成马德里体系的法律框架，目前由世界知识产权组织进行管理。由签署《马德里协定》和《马德里议定书》的国家或政府间组织组成的商标国际注册特别联盟，被称为"马德里联盟"。我国于 1989 年加入《马德里协定》，成为马德里联盟成员；1995 年加入《马德里议定书》，成为第一批缔约方。

《马德里协定》的主要内容包括国际注册的申请、国际注册的效力、国际注册与国内注册的关系等几个方面。根据第 1 条的规定，商标国际注册的主体必须是马德里协定缔约国的国民；未参加马德里协定的国家的国民，如果其在马德里协定缔约国的国土内设有住所或者设有真实有效的工商业营业所，可以视为缔约国的国民。申请的商标包括商品商标和服务商标。申请人必须按照协定的实施细则所规定的格式，以法语或英语制作申请书。申请国际注册的商标，必须是已在原属国取得注册的商标。申请人须通过原属国的商标注册机构向世界知识产权组织国际局提出申请。完成马德里国际注册全部程序的商标，可以获得与该国注册商标相同的法律保护。经国际局注册的商标为国际注册商标，国际注册商标的商标注册人在受保护的国家内享有独立使用其商标、禁止他人侵犯商标权及为排除他人的商标侵权而进行诉讼的权利。有效保护期为 10 年，期满可申请续展。

商标注册具有独立性。国际注册商标 5 年之内在被指定国家的保护依赖于其所属国的保护情况。即自国际注册之日起 5 年内，若该商标在原属国不受法律保护（因诉讼或其他原因导致商标被撤销或宣告无效），则该商标在所有被指定的缔约国都会丧失法律保护；但自国际注册之日起满 5 年后，商标的国际注册同原属国对同一商标的国家注册相互独立，即国际注册不再依存于原属国的注册，获得完全独立，国际注册与国内注册脱离关系。

第四节　中国参与全球知识产权治理的策略选择

在改革开放的四十余年间，中国知识产权法制建设取得长足进步，先后颁布 1982 年《商标法》、1984 年《专利法》、1990 年《著作权法》、1993 年《反不正当竞争法》等法律法规，由此初步建立我国知识产权法律的框架体系。此外，我国还相继加入了专利、商标、版权等领域的多个知识产权国际公约，在较短的时间内实现了知识产权制度与国际接轨。目前，我国已经建立起了门类较为齐全的知识产权法律法规，能够全面履行知识产权保护职责。

进入 21 世纪以来，我国进一步提高知识产权服务对外开放程度，知识产权国际合作日益深化。成功助推世界知识产权组织在中国设立办事处，近距离为中国用户提供国际体系相关服务。推动第一个在中国签署并以中国城市命名的《视听表演北京条约》，加入《工业品外观设计国际注册海牙协定》和《马拉喀什条约》，成为知识产权国际规则的坚定维护者、重要参与者和积极建设者。成功签署《中欧地理标志保护与合作协定》，推动实现中欧之间 244 个地理标志产品的互认互保。持续深化与"一带一路"共建国家的知识产权合作和金砖国家的知识产权合作，不断强化与东盟、非洲和拉美地区知识产权交流，稳步拓展专利审查高速路（PPH）合作，将知识产权助力脱贫攻坚与联合国 2030 年可持续发展议程相结合，支持发展中国家知识产权能力建设。

自国际知识产权保护进入后 TRIPS 时代以来，世界经济局势出现碎片化、区域性等全球化倒行的局面，动摇了世界贸易组织的多边贸易中心地位，也为知识产权的国际保护与国际治理带来一系列挑战。从构建我国知识产权制度现代化的国际视野角度出发，应当统筹国内国际两个大局，从我国现实发展水平与基本国情出发，深度参与知识产权全球治理，在法治建设与创新发展等方面实现国家层面与国际层面现代化机制体制建设的深度关联和良性循环。为在知识产权全球治理框架中最大化发挥积极促进作用，我国应继续从以下两个方面作出持续努力。

第一，坚决维护知识产权的多边保护体制。在经贸全球化进程中，国际社会逐渐形成了以世界贸易组织为中心的国际贸易体系，和以 TRIPS 协定为中心的国际知识产权保护体系。我国应该"维护以世界贸易组织为核心的多边贸易体制，引导经济全球化朝着更加开放、包容、普惠、平衡、共赢的方向发展"。[①] 坚持对外开放的立场不动摇，坚守世界贸易组织多边体制框架下的国际贸易规则，在知识产权国际保护框架基础上推进知识产权现代化事业的发展。

第二，在和平、发展、公平、正义、民主、自由的人类共同价值指引下，推进全球知识产权治理体系的改革与现代化。中国应当致力于建立面向新科技革命和产业革命的政策制度体系，营造国际合作环境，让科技创新成果为更多国家和人民所及、所享、所用；推动国际秩序和全球治理体系朝着更加公正合理方向发展；[②] 致力于建立平等相待、互商互量的伙伴关系，营造公道争议、共建共享

① 习近平：《同舟共济创造美好未来——在亚太经合组织工商领导人峰会上的主旨演讲》，载《人民日报》2018 年 11 月 18 日，第 2 版。

② 习近平：《在庆祝中国共产党成立 95 周年大会上的讲话》，载《人民日报》2016 年 7 月 2 日，第 2 版。

的安全格局，谋求开放创新、包容互惠的发展前景，促进和而不同、兼收并蓄的文明交流。① 为在全球知识产权治理体系中完善知识产权国际规则和标准提出中国方案、贡献中国智慧。

改革开放四十年来，中国知识产权制度建设取得重要成就，在知识产权法治和政策运行方面积累了重要经验，为"中国式现代化"新道路提供了重要支撑。步入新的历史发展阶段，我们须以习近平法治思想和新发展理念为指引，深刻把握知识产权制度现代化的新目标新任务新要求，不断开拓知识产权现代化建设的中国道路。

---

① 习近平：《携手构建合作共赢新伙伴　同心打造人类命运共同体——在第七十届联合国大会一般性辩论时的讲话》，载《人民日报》2015 年 9 月 29 日，第 2 版。

第三编

著作权法

第六章　著作权法律制度概述

第一节　著作权概述

一、著作权的概念

著作权，又称为版权，是指作者对其创作的文学、艺术和科学领域内的作品所享有的知识产权，是作者基于文学、艺术和科学作品创作而产生的专有性人身权利和财产权利。《中华人民共和国著作权法实施条例》（以下简称《著作权法实施条例》）第3条规定："著作权法所称的创作是指直接产生文学、艺术和科学作品的智力活动。为他人创作进行组织工作，提供咨询意见、物质条件，或者进行其他辅助工作，均不视为创作。"

广义的著作权，包括狭义的著作权与邻接权。狭义的著作权是基于作品创作而产生的知识产权，邻接权则是指与著作权相邻近的权利，是作品传播者对其传播作品过程中所作出的创造性劳动所享有的权利。

著作权法律关系的三要素，主体一般是中国公民、法人或者其他组织，外国人或外国组织可依据我国参加的国际公约赋予其著作权；客体是作品，即文学、艺术和科学领域内具有独创性并能以某种有形形式复制的智力成果，[①] 作品不论是否发表，只要具有独创

---

① 《著作权法实施条例》第2条。

性，都可以成为著作权法的客体；内容是主体基于作品创作的独创性劳动而依法享有的发表等人身权利与依法获得报酬等财产权利。[①]

二、著作权的特征

作者因基于创作完成作品而享有著作人身权与著作财产权。作者在转让著作权之后，仅享有著作人身权而不再享有著作财产权，受让人享有的著作权，仅承继其中的财产权，而不能享有作品发表权、署名权等人身权。因此，同为著作权人，基于创作还是受让、继承，享有著作权的内容有所差异。

（一）著作人身权的特点

第一，不可转让。著作权中的人身权具有专属性，其权能主要包括署名权、发表权、修改权、获得作品完整权。著作权可以转让给第三人，但其著作权中的人身权不能转由第三人享有和行使。

第二，不可剥夺、不可扣押、不可强制执行。著作权可以用作质押，以担保债务的履行，但其中的著作人身权不能用作质押，也不能被剥夺、扣押、强制执行。

第三，著作权的人身权不能通过继承移转。根据《民法典》第1122条规定，遗产是公民死亡时遗留的个人合法财产，包括"公民的著作权、专利权中的财产权利"，因此，发表权等著作权中的人身权不可以继承，[②] 著作财产权则可以继承。

第四，发表权的行使具有一次性，一经公开发表，发表权即失效，而人身权中的署名权、修改权和保护作品完整权则具有永久性。

（二）著作财产权的特点

第一，可让与性。著作权中的财产权可以通过转让和继承而由著作权人以外的人取得。如作品的设计人因完成设计作品而享有著

---

① 《著作权法》第 2 条第 1 款。

② 《著作权法实施条例》第 20 条规定："著作权法所称已经发表的作品，是指著作权人自行或者许可他人公之于众的作品。"

作权，可以将设计作品的著作权转让给第三人。

第二，期限性。著作权的财产权在法定期限内受到保护，超过法定期限则进入公共领域，成为公众的智慧财富。

第三，可继承性。作者的配偶、父母、子女等继承人，可以按照继承法的规定，对其生前作品在其去世后因继承而享有著作财产权。

三、著作权与其他知识产权的联系与区别

著作权与专利权、商标权，都是民事主体依法享有的智慧成果的知识产权，均具有法律保护权利的时间性、地域性和专有性特征；均可以通过知识产权的转让、许可使用等约定允许第三方予以使用；均可以作为知识产权中的财产权出质设定质权。① 同时，三种权利存在适用领域、作用、表现形式不同；权利的取得方式不同；权利保护期限不同。

第二节　著作权法概述

一、著作权法的概念

著作权法是指调整因著作权的产生、控制、利用和支配而产生的社会关系的法律规范的总称。

著作权法律体系包括《著作权法》与《著作权法实施条例》《民法典》和有关著作权内容的单行法规、最高人民法院的司法解释，以及调整国家与国家之间就相互提供著作权保护而缔结或批准的国际条约。

---

① 我国《民法典》第444条规定："以注册商标专用权、专利权、著作权等知识产权中的财产权出质的，质权自办理出质登记时设立。"

二、中国著作权法的制定及修正

1990 年 9 月 7 日，第七届全国人民代表大会常务委员会第十五次会议审议通过了《著作权法》，于 1991 年 6 月 1 日起实施。这是我国第一部著作权法。2001 年、2010 年、2020 年，我国分别对《著作权法》进行了三次修正。我国著作权法的主要原则，一是保护作者合法权益；二是鼓励优秀作品传播；三是作者利益与社会公众利益相协调；四是推动知识产权强国建设。

三、中国加入的国际著作权条约

随着著作权国际保护的加强，我国参加了部分著作权保护的国际公约，主要有：《伯尔尼公约》（1992 年 10 月 15 日对我国生效）、《世界版权公约》（1992 年 10 月 30 日对我国生效）、《保护录音制品制作者防止未经授权复制其录音制品公约》和 TRIPS 协定等。

我国《著作权法》第 2 条第 2 款规定："外国人、无国籍人的作品根据其作者所属国或者经常居住地国同中国签订的协议或者共同参加的国际条约享有的著作权，受本法保护。"[1] 为实施《国际著件权条约》[2]，保护外国作品著作权人的合法权益，我国于 1992 年 9 月 25 日制定《实施国际著作权条约的规定》（2020 年国务院令第 732 号），自同年 9 月 30 日起施行，2020 年 12 月 11 日修订。该规定第 4 条明确指出："外国作品，包括：（一）作者或者作者之一，其他著作权人或者著作权人之一是国际著作权条约成员国的国民或者在该条约的成员国有经常居所的居民的作品；（二）作者不是国际著作权条约成员国的国民或者在该条约的成员国有经常居所的居

---

[1] 我国《著作权法》第 2 条第 3 款：外国人、无国籍人的作品首先在中国境内出版的，依照本法享有著作权。

[2] 根据《实施国际著作权条约的规定》第 3 条，国际著作权条约，是指我国参加的《伯尔尼保护文学和艺术作品公约》（以下简称《伯尔尼公约》）和与外国签订的有关著作权的双边协定。

民，但是在该条约的成员国首次或者同时发表的作品；（三）外商投资企业和外资企业按照合同约定是著作权人或者著作权人之一的，其委托他人创作的作品。"对前述外国作品的保护，适用我国著作权法及其实施条例以及《计算机软件保护条例》《实施国际著作权条约的规定》。未与中国签订协议或者共同参加国际条约的国家的作者以及无国籍人的作品，首次在中国参加的国际条约的成员国出版的，或者在成员国和非成员国同时出版的，受本法保护。

第七章　著作权的客体
——著作权保护对象

第一节　作品的概念及特点

一、作品的概念

著作权法以作品为保护对象，作品是指文学、艺术和科学领域内具有独创性并能以一定形式表现的智力成果。[①] 作品需要具备四个核心要件：一是在文学、艺术和科学领域内创作完成；二是具有独创性；三是能以一定的形式表现；四是属于智力成果。

二、作品的特点

一是独创性。作者以自己的思想观念、视野、感情，通过一定的表达方式表现出来与他人表达的不同，才能体现作者创作成果的新颖性和智慧性。独创性，保护的是创意的表达。

二是可复制性。作品属于文学、艺术和科学领域内的成果，能以某种有形的形式予以复制。著作权法保护的作品，是作者所表达的思想、感情、观念等的智慧成果，而这些智慧成果，必须附着于一定的载体，以一定的有形的载体固定、记录下来，并且可以被大量复制。

---

① 我国《著作权法》第 3 条。

三、不受著作权法保护的作品

基于社会公益的考量，有些创作虽然表面上具备作品的要件，但为了国家或公众的利益，依法不能受到《著作权法》保护，不属于著作权法保护对象。①

（1）法律、法规、国家机关的决议、决定、命令和其他属于立法、行政、司法性质的文件及其官方正式译文。

（2）时事新闻。时事新闻是指通过报纸、期刊、电台、电视台等传播媒介报道的单纯事实消息，要求广泛而迅速地传播，不应控制，故法律不给予其著作权保护。

（3）历法、通用数表、通用表格和公式。这类成果具备作品形式条件，但欠缺作品实质要件，因其形式往往具有唯一表达的特点，不具备独创性而不予以著作权保护。

另外，我国《著作权法》第 4 条规定："著作权人行使著作权，不得违反宪法和法律，不得损害公共利益。国家对作品的出版、传播依法进行监督管理。"因此，依法被禁止出版、传播的作品，如非法出版物等不能构成著作权法保护对象的作品。

第二节　我国著作权法保护的作品分类

我国《著作权法》主要列举八类的作品类别，第 3 条加了一个兜底条款"法律、行政法规规定的其他作品"，以便于涵盖未能全面列举的作品，也对未来新的作品类型留下规范空间。《著作权法实施条例》第 4 条对各类作品的含义进行了阐述。

---

①　详见我国《著作权法》第 5 条规定。

一、文字作品

文字作品，是指小说、诗词、散文、论文等以文字形式表现的作品（《著作权法实施条例》第4条第1款）。文字作品是最常见的作品的表达方式，作品无论附着在什么载体之上①，只要该文字形式得以显示其存在，就属于文字作品。

二、口述作品

口述作品，是指即兴的演说、授课、法庭辩论等以口头语言形式表现的作品（《著作权法实施条例》第4条第1款）。口述历史②，往往是历史亲历者对历史事件、历史人物或某特定物进行的描述，基于客观认知和主观情感而在回忆历史时带有描述与创作的成分，因此，是一种新型的口头作品形式。

《伯尔尼公约》第2条虽然将"讲课、演讲、讲道和其他同类性质的作品"即口述作品列为保护对象，但又规定各成员国得通过国内立法规定文学艺术作品或其中之一类或数类作品如果未以某种物质形式固定下来即不受保护，我国《著作权法》保护口述作品的著作权。

三、音乐、戏剧、曲艺、舞蹈、杂技艺术作品

《著作权法实施条例》第4条规定，音乐作品，是指歌曲、交响乐等能够演唱或者演奏的带词或者不带词的作品；戏剧作品，是指话剧、歌剧、地方戏等供舞台演出的作品；曲艺作品，是指相声、快书、大鼓、评书等以说唱为主要形式表演的作品；舞蹈作品，是

---

① 如有的作品用羊皮纸或羔皮纸作材料制成图书，亦称羊皮文稿；有的文字雕刻在蛋壳上，随着信息科技的发展，大量的文字作品以数字形式存储。作品的载体形式不影响文字作品的认定。

② 口述历史档案是一种新型的档案形式，其制作形成过程中涉及复杂的著作权问题，往往包含历史口述者的著作权，也包含节目制作者的著作邻接权。

指通过连续的动作、姿势、表情等表现思想情感的作品；杂技艺术作品，是指杂技、魔术、马戏等通过形体动作和技巧表现的作品。前述作品，都是表演的艺术，都是综合艺术，文字或类同文字的符号是它们共有的要素。

音乐作品还可以和其他艺术门类相结合产生新的艺术形式。音乐和语言结合产生歌曲；和戏剧表演相结合可以产生歌剧、戏曲；和舞蹈相结合可以产生舞剧；和电影艺术相结合可以形成电影音乐；等等。表演作品，属于综合艺术。

四、美术、建筑作品

（一）美术作品

美术作品指绘画、书法、雕塑等以线条、色彩或者其他方式构成的有审美意义的平面或者立体的造型艺术作品（《著作权法实施条例》第4条第8款）。①

美术作品上的权利可以分为：美术作品的著作权与美术作品的所有权。前者系基于作品创作或著作权转让或法定移转而享有的知识产权，后者是基于将作品作为财产所有而享有的物权。这是两类不同的权利。

另外，美术作品还涉及著作权、所有权和展览权、肖像权的冲突与平衡问题。如美术作品创作完成后，发生了作品的所有权转移，可能发生所有权与著作权的冲突。我国《著作权法》第20条规定："作品原件所有权的转移，不改变作品著作权的归属，但美术、摄影作品原件的展览权由原件所有人享有。"《著作权法》没有明确规定原件所有权人的展览权和著作权人的展览权，原件所有人行使展览权不应侵害著作权人的合法权利。对于已经公开发表的美术作品，所有权转移意味着著作权人在某种程度上放弃了禁止所有权人展览的权利；对于尚未发表的美术作品而言，物权人行使原件展览权时

---

① 《著作权法实施条例》第4条。

往往会出现将作品公之于众的客观后果，甚至造成作者发表权的丧失，著作权法未予以明确规定如何处理权利冲突，这就需要谨慎注意是否侵害作者的发表权。再如，当美术作品中涉及人物的肖像，模特同意作者以自己为原型创作美术作品，但未约定作品使用的范围，作者或原件所有权人行使展览权则应尊重在先的肖像权。物权限制著作权的行使，物权也因同一载体上著作权的存在而受到一定限制。《民法典》第 132 条规定："民事主体不得滥用民事权利损害国家利益、社会公共利益或者他人合法权益。"因此，美术作品的所有权人行使物权不应损害他人的著作权，包括不应篡改作者身份、破坏作品完整性，"也不得在未经著作权人许可的情况下，将作品复制、发行、改编或上传至网络，否则构成著作权侵权，应承担相应的法律后果"。[①]

（二）建筑作品

建筑作品，是指以建筑物或者构筑物形式表现的有审美意义的作品（《著作权法实施条例》第 4 条第 9 款）。

我国现行《著作权法》对建筑作品所保护的，应当是指该建筑物在外观、造型、装饰设计上包含的独创成分，是指三维的建筑物或构筑物。建筑作品的著作权，并非指建筑物本身，而是通过建筑物这一实体所体现出来的而又抽象存在的"建筑作品"。具有丰富的设计理念，体现建筑物外观或内部结构独创性设计的，才能成为建筑作品。

需要注意的是，我国《著作权法》保护的建筑作品的范围不同于国际公约的相关规定。按照世界知识产权组织与联合国教科文组织 1986 年公布的一份文件，建筑作品包括两项内容：（1）建筑物本

[①] 如著名文学家茅盾先生的手稿《谈最近的短篇小说》于 2014 年被南京某拍卖公司展览拍卖，茅盾家人提起著作权权属、侵权诉讼一案，即 WEINENG SHEN 与沈丹燕、MAIHENG SHEN DIETRICH、张晖、南京经典拍卖有限公司著作权权属、侵权纠纷一案，江苏省南京市中级人民法院民事判决书（2017）苏 01 民终 8048 号。

身（仅仅指外观、装饰或设计上含有独创成分的建筑物）；（2）建筑设计图与模型。① 该文件指出：建筑作品中的建筑物，仅仅指外观、装饰或设计上含有独创成分的建筑物。由于建筑物的外观是建筑设计师一定美学构思的表达形式，以其外观，包括线条、装饰、色彩等来体现独创性，该表达形式可能被他人复制，因此其创作者应当享有著作权保护。同时，建筑作品的外观设计受到保护，可以申请外观设计专利保护。我国《专利审查指南》明确规定，从 2001 年 7 月 1 日起，对于不取决于地理条件、可重复再现的固定建筑物给予外观设计专利保护。

五、摄影作品

摄影作品，是指借助器械在感光材料或者其他介质上记录客观物体形象的艺术作品。摄影本质上是一项技术，是记录事物影像的一种手段。它是建立在机械、化学、光学等一系列现代科学技术基础上的应用技术（《著作权法实施条例》第 4 条第 10 款）。

摄影可以体现独创性，如作者的创意、取景构图、光影等的表现，均可以体现摄制人的艺术创作水平，有的摄影作品还需要通过后期的技术处理表现更好的光和影等。当然，纯复制性的摄影作品不受著作权法保护，如单纯翻拍某绘画作品，因缺乏创意而不属于摄影作品，不享有著作权。

六、电影等视听作品

电影作品和以类似摄制电影的方法创作的作品，是指摄制在一定介质上，由一系列有伴音或者无伴音的画面组成，并且借助适当装置放映或者以其他方式传播的作品（《著作权法实施条例》第 4 条第 11 款）。

电影作品不仅表现手段复杂，创作过程也十分烦琐。电影等视

---

① 郑成思：《版权法》，中国人民大学出版社 1997 年版，第 114 页。

听作品需要依据剧本进行表演创作，还需要多种技术的组合，均体现独创性。仅是原始记录的录像制品，缺乏创造性和独创性的，不构成作品，而包含创造性的录像作品，则因其独创性可以成为作品。

七、工程设计、产品设计图与模型、地图、示意图等图形作品

图形作品，是指为施工、生产绘制的工程设计图、产品设计图，以及反映地理现象、说明事物原理或者结构的地图、示意图等作品（《著作权法实施条例》第 4 条第 11 款）；模型作品，是指为展示、试验或者观测等用途，根据物体的形状和结构，按照一定比例制成的立体作品（《著作权法实施条例》第 4 条第 13 款）。图形作品是以平面形式呈现其创造性，经常以建筑物设计过程中的成品、半成品的形式体现设计人的独创性；模型作品是微缩版的立体形式作品，既可以是建成品前的试制品，也可以是现有建筑产品的微缩复制品。该图形作品不同于以立体形式呈现创造性的建筑作品。

工程设计图是指专门用于施工建设的设计图，包含初步设计和施工设计等，产品设计图是指工业产品的设计图。工程设计图和产品设计图本质上均应具备创造性的表达、独立的形式或结构，因此可以成为著作权法的保护对象。

模型要受到著作权法保护，必须满足作品的独创性要求。按照《伯尔尼公约》第 2 条、第 4 条和第 5 条规定，工业设计从图形到模型，以至按照图形建造完成的建筑物，都是著作权法的保护对象。

地图是一种以实用为主要目的的绘画艺术作品，是科学与艺术作品的结晶。区别性、可读性和使用方便的要求以及对画面和谐美观的追求，使地图亦可以成为一种美术作品。

示意图是指借助简单的点、线、几何图形和注记等符号来说明内容较为复杂的事物及科学原理或为显示事物的具体形状或轮廓而绘制的略图。示意图把复杂的结构、原理和内容精简提炼后将核心

内容予以简化表达，体现独创性的编排与表现，成为著作权法的保护对象。

八、计算机软件

计算机软件是指计算机程序及其有关文档，是著作权的特殊保护对象。[①] 根据《著作权法》，国务院 2001 年出台了《计算机软件保护条例》，自 2002 年 1 月 1 日起施行。

软件著作权自软件开发完成之日起产生，自然人、法人或其他组织都可以享有软件著作权。《计算机软件保护条例》第 8 条规定："软件著作权人享有下列各项权利：（一）发表权，即决定软件是否公之于众的权利；（二）署名权，即表明开发者身份，在软件上署名的权利；（三）修改权，即对软件进行增补、删节，或者改变指令、语句顺序的权利；（四）复制权，即将软件制作一份或者多份的权利；（五）发行权，即以出售或者赠与方式向公众提供软件的原件或者复制件的权利；（六）出租权，即有偿许可他人临时使用软件的权利，但是软件不是出租的主要标的的除外；（七）信息网络传播权，即以有线或者无线方式向公众提供软件，使公众可以在其个人选定的时间和地点获得软件的权利；（八）翻译权，即将原软件从一种自然语言文字转换成另一种自然语言文字的权利；（九）应当由软件著作权人享有的其他权利。"软件著作权人可以许可他人行使其软件著作权，并有权获得报酬。

---

① 《计算机软件保护条例》第 3 条规定："（一）计算机程序，是指为了得到某种结果而可以由计算机等具有信息处理能力的装置执行的代码化指令序列，或者可以被自动转换成代码化指令序列的符号化指令序列或者符号化语句序列。同一计算机程序的源程序和目标程序为同一作品。（二）文档，是指用来描述程序的内容、组成、设计、功能规格、开发情况、测试结果及使用方法的文字资料和图表等，如程序设计说明书、流程图、用户手册等。（三）软件开发者，是指实际组织开发、直接进行开发，并对开发完成的软件承担责任的法人或者其他组织；或者依靠自己具有的条件独立完成软件开发，并对软件承担责任的自然人。（四）软件著作权人，是指依照本条例的规定，对软件享有著作权的自然人、法人或者其他组织。"

计算机软件的保护需要合理区分著作权人与所有权人。软件开发完成后，使用人通过购买等方式取得软件所有权，即软件的合法复制品的所有权。著作权与依法取得复制品使用的问题，系知识产权保护与物权保护的不同法律问题。《计算机软件保护条例》第16条规定："软件的合法复制品所有人享有下列权利：（一）根据使用的需要把该软件装入计算机等具有信息处理能力的装置内；（二）为了防止复制品损坏而制作备份复制品。这些备份复制品不得通过任何方式提供给他人使用，并在所有人丧失该合法复制品的所有权时，负责将备份复制品销毁；（三）为了把该软件用于实际的计算机应用环境或者改进其功能、性能而进行必要的修改；但是，除合同另有约定外，未经该软件著作权人许可，不得向任何第三方提供修改后的软件。"实践中购买计算机软件的，往往在合同中明确约定软件的所有权行使范围，以及不得侵害著作权等条款。

九、民间文学艺术作品

民间文学艺术作品，是指由某社会群体创作的流传于民间的歌谣、音乐、戏剧、故事、舞蹈、建筑、立体艺术、装饰艺术等文学艺术表达形式。民间文学艺术作品往往流传于民间，并没有明确特定的作者，因此其权利主体认定、受保护的民间文学艺术作品的范围等内容比较特殊。《著作权法》第6条规定："民间文学艺术作品的著作权保护办法由国务院另行规定"。

民间文学艺术作品的表现形式丰富，联合国教科文组织和WIPO的专家于1982年共同制定了一个《保护民间文学艺术表达、防止不正当利用及其他侵害行为的国内法示范条款》（简称《示范法》），指出民间文学艺术是指由艺术遗产的各种因素构成的，某国某地区居民团体所发展和保持的产品，该《示范法》第2条列举了民间文学艺术作品的主要表达形式有口头表达、音乐表达、活动表达、有形表达四种形式。① 在我国，民间文学艺术作品表现形式有文字、口述、音乐、戏剧、舞蹈、美术等作品，但生活习惯、传统礼仪、宗教信仰、科学观点不属于民间文学艺术作品。

---

① 《保护民间文学艺术表达、防止不正当利用及其他侵害行为的国内法示范条款》第 2 条规定，民间文学表达形式包括：（一）口头表达形式，诸如民间故事、民间诗歌及民间谜语；（二）音乐表达形式，诸如民歌及器乐；（三）活动表达形式，诸如民间舞蹈，民间游戏，民间艺术形式或民间宗教仪式；（四）有形的表达形式，诸如：（1）民间艺术品，尤其是笔画、彩画、雕刻、雕塑、陶器、拼花（拼图）、木制品、金属器皿、珠宝饰物、编织、刺绣、纺织品、地毡、服装式样；（2）乐器；（3）建筑艺术形式。

第八章　著作权的主体及归属

第一节　著作权的主体

一、著作权主体的法律地位确认

著作权的主体指的是依法对文学、艺术和科学作品享有著作权的人。

我国《著作权法》第 11 条规定："著作权属于作者，本法另有规定的除外。创作作品的自然人是作者。由法人或者非法人组织主持，代表法人或者非法人组织意志创作，并由法人或者非法人组织承担责任的作品，法人或者非法人组织视为作者。"可见，著作权属于作品的创作者，法律另有规定的按照规定处理。

二、我国著作权主体的分类

我国著作权的主体可分为三类。

（一）作者

作者是创作作品的自然人。构成作者的条件应当是：

（1）具有创作能力；

（2）进行了一定的创作劳动，亦即具有了创作行为；

（3）完成了符合法律规定意义上的创作成果。

作者认定条件中，最主要的是其对于作品付出了创造性劳动，只对作品提出某些修改意见，或加进某些自己的观点的人，或者仅对作品的创作提供了辅助劳动的人，因没有进行智慧成果的创作，不能视为作者。

（二）其他依照本法享有著作权的自然人、法人或者非法人组织

法人是指依法成立，有必要的财产或者经费，有自己的名称、组织机构和经营场所并能独立承担民事责任的组织。我国《著作权法》规定，由法人或非法人组织主持，代表法人或非法人组织的意志创作，并由法人或非法人组织承担责任的作品，法人或非法人组织视为作者。

法人或非法人组织是依法律规定推定为作者的，可称为"准作者""视为作者"。因为，认定为作者的首要条件是具有创作能力，创作能力是自然人运用思维作出独特性创造的能力，法人不具有思维，其行为都由自然人完成，因此说法人并不是作品的创作人，但法人是拟人化的主体，具有法律主体的人格，可以将创作的意志通过自然人来实施，因此被"视为作者"，赋予法人著作权主体资格。

（三）非经创作而取得权利的主体

这类主体指不因为其创作或视为创作了作品，而是通过对原作者（包含自然人、视为作者的法人或非法人组织）原始权利的继受而获得了著作权，如继承、遗赠、合同约定等。由于其取得的权利与创作无关，它不是著作权的原始主体，而是派生主体。

通过创作以外的渠道获得著作权的主体可以是公民、法人或非法人单位，也可以是国家。国家可通过接受著作权人的赠与而取得著作权，还可以因著作权人死亡无人继承而取得著作权。《著作权法实施条例》第 16 条规定："国家享有著作权的作品的使用，由国务院著作权行政管理部门管理。"

第二节　著作权的归属

一、合作作品著作权的归属

（一）合作作品的认定

我国《著作权法》第 14 条规定："两人以上合作创作的作品，著作权由合作作者共同享有。没有参加创作的人，不能成为合作作者。"确定什么是合作作品，除了符合创作人数及创作结果为作品的要求之外，还应考虑：

（1）必须有共同的创作意图。双方对于写一部什么内容的作品，以什么形式表现等由合作者共同商量，然后根据不同的分工来进行创作，作品内容反映了合作者的共同意志。

（2）具有共同的创作行为。即合作者都必须对作品的创作付出劳动，不能将抄写稿件、整理资料等简单的劳务性工作视为创作劳动。

（二）合作作品的分类

合作作品根据创作的形式不同，可分为不可分割作品和可以分割作品。

《著作权法实施条例》第 9 条规定，合作作品不可以分割使用的，其著作权由各合作作者共同享有，通过协商一致行使；不能协商一致，又无正当理由的，任何一方不得阻止他方行使除转让以外的其他权利，但是所得收益应当合理分配给所有合作作者。

可以分割的作品是指合作作品的作者各自所创作的智力成果具有相对的独立性，分开后仍能作为完整作品。但是独立行使自己部分的权利时，不能侵害合作作品的整体著作权。

二、演绎作品的著作权归属

演绎作品是指改编、翻译、注释、整理已有作品而产生的作品。演绎作品基于他人在先的作品进行智力加工，有原创性，也属于创作作品，其主体为原始主体，其著作权由改编、翻译、注释、整理人享有。演绎作品行使著作权时，不得侵犯原作品的著作权。

三、汇编作品的著作权

我国《著作权法》第 15 条规定："汇编若干作品、作品的片段或者不构成作品的数据或者其他材料，对其内容的选择或者编排体现独创性的作品，为汇编作品，其著作权由汇编人享有，但行使著作权时，不得侵犯原作品的著作权。"

汇编作品通常包括百科全书、辞典、文集、期刊、年鉴等。此外，在内容的选择和编排方面体现了独创性的火车时刻表、邮政号码、电话号码大全等，同样是汇编作品。伴随互联网、大数据的兴起，数据信息的集成系开展学术研究、进行政府决策分析的重要参考，对汇编作品予以著作权法保护，对加强数据库的法律保护意义重大。

汇编作品人行使其著作权时，不得侵犯原作品的著作权。汇编人应当取得原作品著作权人的同意，并支付相应的报酬。不过，为实施义务教育和国家教育规划而编写教科书，则可以不经过著作权人同意，但应支付报酬，指明作者姓名、作品名称，并且不得侵犯著作权人的其他权利。

四、视听作品著作权归属

我国《著作权法》第 17 条规定："视听作品中的电影作品、电视剧作品的著作权由制片者享有，但编剧、导演、摄影、作词、作曲等作者享有署名权，并有权按照与制片者签订的合同获得报酬。电影作品和以类似摄制电影的……视听作品中的剧本、音乐等可以单独使用的作品的作者有权单独行使其著作权。"

因此，这类作品的著作权从整体上说属于制片人，导演只对作品享有署名权，其他的如编剧、摄影师、作词者、作曲者也只是对自己创作的作品享有署名权。当然作者对自己创作部分均有获取报酬的权利。此外，对于能够单独使用的作品，其作者可以单独使用，无特殊约定"禁止另行使用"的情况下，无须征得制片人的同意，如由作曲者将电影插曲录制成磁带发行。

五、职务作品的著作权归属

（一）职务作品的认定

职务作品是指自然人为完成法人或者非法人组织工作任务所创作的作品。可见，是否为职务作品的核心是创作的目的是否在于完成工作任务。

一般来说，对于什么情况下的作品是职务作品，可从以下三个方面考虑：

（1）作者与本单位具有劳动法律关系，即作者属于本单位的职工，而且享受本单位的工资福利待遇。

（2）作品创作在本职工作范围之内。即作者进行创作是为了完成本单位的工作任务，包括两种情况：一是对于专业创作者而言，其工作任务就是创作作品；二是本身并非专业的创作人员，本职工作不是搞创作，但本单位根据其在某方面的特长而交给其一部分创作任务。

（3）所创作的作品与本单位的工作性质相符合，能为本单位的业务所使用。即看其作品是否与本单位的业务相适应，适应即为职务作品，不适应则是非职务作品。

（二）职务作品的权利归属

著作权法将职务作品划分为两类不同情况。

1. 作者享有著作权，单位享有优先使用权

《著作权法》第18条第1款规定："自然人为完成法人或者非

法人组织工作任务所创作的作品是职务作品，除本条第2款的规定以外，著作权由作者享有，但法人或者非法人组织有权在其业务范围内优先使用。作品完成两年内，未经单位同意，作者不得许可第三人以与单位使用的相同方式使用该作品。"

2. 单位享有著作权，作者享有署名权

《著作权法》第18条第2款规定："有下列情形之一的职务作品，作者享有署名权，著作权的其他权利由法人或者非法人组织享有，法人或者非法人组织可以给予作者奖励：（一）主要是利用法人或者非法人组织的物质技术条件创作，并由法人或者非法人组织承担责任的工程设计图、产品设计图、地图、示意图、计算机软件等职务作品；（二）报社、期刊社、通讯社、广播电台、电视台的工作人员创作的职务作品；（三）法律、行政法规规定或者合同约定著作权由法人或者非法人组织享有的职务作品。"

如此规定的理由在于，前述职务作品的创作仅靠一两个人的工作很难完成，或者需要由单位提供不对外公开的物质技术条件，而且创作作品的有关责任，也是由单位承担，如某公司设计图纸的缺陷责任人是该公司而非设计者。

六、委托（定作）作品著作权归属

委托作品是指一方接受另一方的委托，按照委托合同约定的有关事项进行创作的作品。

我国《著作权法》第19条规定："受委托创作的作品，著作权的归属由委托人和受托人通过合同约定。合同未作明确约定或者没有订立合同的，著作权属于受托人。"

委托方是法人或自然人而受委托方是自然人时，无论合同约定著作权归属哪一方都比较好理解；对于受委托方是法人或非法人组织的，问题就比较复杂，因为受委托方交由本单位人员创作，相应地产生内外部两种法律关系，受托人与创作人之间属于职务作品关系，委托方和受托方之间属于委托作品，如果委托合同中载明著作权归属于受托人，或未载明著作权的归属问题则著作权依法应归受托方所有，这时创作人可以享有署名权及因职务作品而享有的相应权利；如果委托合同中约定著作权由委托方享有，受托方则不享有著作权，受托方创作人的权利也因此受限，不能享有著作权人的署名权。

委托作品与职务作品有着相似的地方，双方的共同点是创作作品的作者并不一定是著作权人，作者的创作目的是接受他人的安排而创作。不同点在于：（1）基于创作的关系不同。委托作品是基于委托合同而创作，职务作品是基于作者与本单位具有劳动法律关系，因本职工作或任务指派而创作。（2）权利归属的原则不同。委托作品的权利归属，法律授权由合同双方自愿协商而定，没有订立合同的，或未能通过协商在合同中明确约定著作权归属的，著作权依法归属于受托人；职务作品则按照法律确定的规则处理。

七、美术作品的著作权归属

美术作品的著作权归属于作者，但因为美术作品的表现形式往往体现在特定的载体上，有时产生著作权人与所有权人的主体分离。根据《著作权法》第 18 条规定："作品原件所有权的转移，不改变作品著作权的归属，但美术、摄影作品原件的展览权由原件所有人享有。"也就是说，美术作品转移时，著作权的所有权利中只有展览权随之转移，其他权利仍归作者所有。

对尚未发表的作品，原件的所有权人行使展览权，应注意尊重著作权是否同意展览的意思表示。即著作权人不同意展览未发表作品的，原件所有人行使展览权涉嫌侵害了著作权人的发表权。

八、计算机软件、数据库等作品的著作权归属

随着社会发展和互联网科技的进步，大数据等新的种类形式的作品出现，如对大数据进行收集汇总后，按照特定的关键词进行数据分析与提供，数据库以及数据平台等如何确定著作权的归属及相

应的权利保护问题。另外，其他知识产权的归属，如集成电路布图设计专有权的归属，① 根据《集成电路布图设计保护条例》等相关规定，布图设计专有权通常由布图设计的创作人，即由完成布图设计的人享有，如果由多人共同完成，专有权的归属由合作者约定；未作约定或者约定不明的，其专有权由合作者共同享有。受委托创作的，其专有权的归属由委托人和受托人双方约定；未作约定或者约定不明的，其专有权由受托人享有。

九、外国人、无国籍人的作品在中国的著作权保护

现行《著作权法》给予了外国人著作权保护的国民待遇。《著作权法》第 2 条规定，中国公民、法人或者非法人组织的作品，不论是否发表，依照本法享有著作权。外国人、无国籍人的作品根据其作者所属国或者经常居住地国同中国签订的协议或者共同参加的国际条约享有的著作权，受本法保护。外国人、无国籍人的作品首先在中国境内出版的，依照本法享有著作权。未与中国签订协议或者共同参加国际条约的国家的作者以及无国籍人的作品首次在中国参加的国际条约的成员国出版的，或者在成员国和非成员国同时出版的，受本法保护。

---

① 《集成电路布图设计保护条例》第 2 条规定，集成电路布图设计是指集成电路中至少有一个是有源元件的两个以上元件和部分或者全部互连线路的三维配置，或者为制造集成电路而准备的上述三维配置。

第九章 著作权的内容

第一节 著作人身权

著作人身权，是指著作权人因其作品所享有的以人身（精神）利益为内容的权利。

一、发表权

发表权，又称"公开权"。即决定是否向公众披露作品的权利，系指向不特定多数人公开，包括以传统媒介或现代媒介、信息网络传播等方式公之于众。

发表权的具体内容包含是否发表、何时发表、以何种方式发表等。发表权只有一次，一般应由著作权人行使，也可以由著作权人授权他人行使，或在著作权人已离世的情况下由其法定继承人行使。

二、署名权

即表明作者身份，在作品上署名的权利。署名权的人身专属性最强，署名权不得转让，特定作品的署名权得依合同约定或行业习惯等加以确定。

在作品上署名是作者的权利，因此在无相反证明的情况下，在作品上署名的即为著作权人，作品上的署名系著作权的权利推定的初步证据。当然，作者有权决定署名的方式，以及是否匿名、是否署真名等。在作者没有署真名的情况下，需要著作权人证明自己是作品的创作人或权利继受人。没有参加创作的人不能成为作者，实践中存在滥用署名权问题，如将自己的姓名署在他人作品上。前述情形一般构成侵害著作权，但在作者同意的情况下，仅构成学术不端行为，不构成侵害著作权。

三、修改权和保护作品完整权

修改权，即修改或者授权他人修改作品的权利。保护作品完整权，即保护作品不受歪曲、篡改的权利；后者是对前者的延伸。

基于作者本人的意图，在作者未授权的情况下，他人不得随意修改作品。修改权也有适当限制，如报社、杂志可以对投稿作品进行文字性修改、删节等。作者的修改权通常不能对抗作品上的物权，如对自己享有著作权的绘画作品已经被他人经由合法受让而所有的情况下，作者的修改权应征得物权人的同意。

第二节　著作财产权

著作财产权是著作权人或依法取得著作权的财产权利人对于受著作权法保护的作品享有独占并利用、处分而获得经济价值的权利，具有经济性与排他性，作品使用权是核心，包括复制权等以复制等方式使用作品的权利。

一、复制权

复制权，即以印刷、复印、拓印、录音、录像、翻录、翻拍等方式将作品制作一份或者多份的权利。复制权是作者最原始、最基本的权利之一，有广义和狭义两种含义。狭义的复制权指以同样形式制成作品；广义的复制权还包括以不同于原来的形式对该作品的使用，只要客观上将作品载体制作成一份或多份，就构成复制。复制权往往与发行权或广播权连在一起。

国家版权局 1999 年 12 月 9 日发布的《关于制作数字化制品的著作权规定》第 2 条明确规定："将已有作品制成数字化作品，不论已有作品以何种形式表现和固定，都属于《中华人民共和国著作权法实施条例》第五条（一）所指的复制行为，即《中华人民共和国著作权法》所称的复制行为。"1991 年《著作权法》第 52 条，将临摹归属于复制行为的一种，2001 年修改后的《著作权法》将临摹从复制方式中删除，认可了临摹的创造性成分。

二、发行权

发行权，即以出售或者赠予方式向公众提供作品的原件或者复制件的权利。发行权适用于所有作品，其认定不以营利为目的的限制。发行权通常与复制行为连在一起。发表权与发行权不同，前者是人身权利，指作者享有将作品公之于世的权利，只能行使一次且只能为作者享有；后者是财产权利，指著作权人向公众提供作品原件或者复印件的权利，是著作财产权中的一项权利，可以多次行使，并且不仅仅为作者享有。

三、出租权

出租权，即有偿许可他人临时（有期限）使用电影作品和以类似摄制电影的方法创作的作品、计算机软件并获得报酬的权利，计算机软件不是出租的主要标的的除外。《著作权法》第 59 条规定，复制品的出版者、制作者不能证明其出版、制作有合法授权的，复制品的发行者或者视听作品、计算机软件、录音录像制品的复制品的出租者不能证明其发行、出租的复制品有合法来源的，应当承担法律责任。

需要注意的是，著作权上存在两个出租权，一是对物的出租权；二是实现作者或者邻接权人对其享有的知识产权财产权利之一的出租权。如视听作品和计算机软件，即对著作权的使用往往通过对光碟本身的租赁，而相应地付费使用其中作品的智慧成果。没有对物的租赁，不一定方便实现著作权的租赁。

四、展览权

展览权，即公开陈列美术作品、摄影作品的原件或者复制件的权利。展览权与发表权的区别在于，展览权可多次行使，是财产权利。

展览权的权利行使限制来自两个方面，一是物权限制；二是第三人权利的限制。如展览某人体绘画，需要使用绘画的原作或复制件，物权人不提供的话，无法展览，而且因绘画涉及画中人的肖像权，为防止肖像权受侵害，展览前应征得画中人同意，获得肖像权使用许可。

五、表演权

表演权，即公开表演作品，以及使用各种手段公开播送作品的表演的权利。这里的表演包括现场表演和机械表演。适宜的作品有音乐、戏剧、曲艺等。表演他人作品应征得著作权人的许可。表演权的实现方式是著作权集体管理，它是著作权人的权利而非表演者权。表演权的客体是作者的作品本身，表演者权的客体是现场表演。表演者权是表演者基于对作品的表演而产生的权利，是作者的表演权派生出来的权利，有关国际公约将表演者与出版者、音像制品者等作品传播者的权利统称为"邻接权"，即与著作权相邻的权利。

六、放映权

放映权，即通过放映机、幻灯机等技术设备公开再现美术、摄影、视听作品等的权利。放映权的特点是权利的行使要与技术设备结合。

七、广播权

广播权，即以无线方式公开广播或者传播作品，以有线传播或者转播的方式向公众传播广播的作品，以及通过扩音器或者其他传送符号、声音、图像的类似工具向公众传播广播的作品的权利。广播权是著作权人的权利而非广播组织的权利，适宜的作品主要有：文学作品、戏曲、曲艺、音乐、电影作品。

广播电台、电视台非营业性播放已出版的录音制品，可以不经著作权人、表演者、录音制作者许可，但应当支付报酬，当事人另有约定除外。

八、信息网络传播权

信息网络传播权，即以有线或者无线方式向公众提供作品，使公众可以在其个人选定的时间和地点获得作品的权利。信息网络传播权是随着互联网的发展而新增加的权能，典型特征是一种"交互式"的传播。该项权利的定义直接翻译自《世界知识产权组织版权条约》（以下简称 WCT）。

我国《著作权法》对信息网络传播权只作了原则性规定，具体办法则由国务院另行制定。国务院于 2006 年颁布了《信息网络传播权保护条例》，针对信息网络传播权的特点，界定了条例适用范围、保护技术措施、关于合理使用法定许可的具体条件等内容。自 2013 年 1 月 1 日起施行的《最高人民法院关于审理侵害信息网络传播权民事纠纷案件适用法律若干问题的规定》第 2 条明确了信息网络的范畴，包括以计算机、电视机、固定电话机、移动电话机等电子设备为终端的计算机互联网、广播电视网、固定通信网、移动通信网等信息网络，以及向公众开放的局域网络。

九、摄制权

摄制权，即以摄制视听作品的方法将作品固定在载体上的权利，通常表现为制片许可权。

随着新媒体、融媒体的发展，抖音等平台大量以摄制的方式传播某种作品。根据《著作权法》规定，制片者使用剧本、音乐等作品摄制视听作品，应当取得作者的许可，并支付报酬，才能获得剧本的"摄制权"，未经许可而使用其剧本都构成侵权行为。

十、改编权

改编权，即改变作品，创作出具有独创性的新作品的权利。

改编权的特点是不改变作品的基本思想内容。方式主要有两种，一是变换作品表现形式；二是改变作品用途，适应某种需要。

十一、翻译权

翻译权，即将作品从一种语言文字转换成另一种语言文字的权利。适宜的作品有文字作品、口头作品，是国际版权交易中的重要权利。

翻译权的行使受到合理限制，《伯尔尼公约》规定了对翻译权的强制许可制度，我国也规定了特殊文字的翻译构成合理使用。

十二、汇编权

汇编权，即将作品或者作品的片段通过选择或者编排，汇集成新作品的权利，包括注释权、整理权、编辑权等。该著作权人无权阻止他人对同一已有作品进行注释、整理、编辑。

汇编者基于创造性劳动而对汇编作品享有著作权。

十三、著作权人享有的其他权利

著作权有关国际公约和一些国家的著作权法律还规定了其他一些著作财产权，如：追续权、公共借阅权、角色商品化权、收回权、收取录制和复印设备版税权、接触权、畅销书条款权等。著作权的权利体系是开放性的，伴随着新技术与社会文明进步，符合著作权法立法目的的智慧成果保护，会出现新型的权利种类及内容。

第十章　著作权的邻接权

第一节　概述

一、概念

著作权的邻接权，指与著作权相邻近的权利，也称为作品传播者权，指作品传播者（表演艺术家、录音制品的制作人和广播电视组织）在传播作品的过程中对其创造性劳动成果依法享有的专有权利。从本质上是作品传播者对其作品传播形式所享有的权利。我国《著作权法》第四章"与著作权有关的权利"包含出版、表演、录音录像、播放的权利即邻接权。

邻接权的主要类别有：表演者禁止他人未经他们同意而对他们的表演进行录音、直接广播或向公众传播的权利；唱片制作者授权或禁止他人复制他们的唱片和禁止擅自复制的唱片进口发行的权利；广播组织授权或禁止他人转播、录制和复制他们的广播节目的权利。

1961 年通过了一个保护表演人、录音制品制作人和广播组织权益的国际公约，即《保护表演者、录音制品制作者和广播组织的国际公约》（简称《罗马公约》），从而形成了国际上对邻接权的保护。

二、邻接权与著作权的关系

（一）联系

（1）著作权是邻接权产生的前提。

（2）邻接权的取得过程中包含了传播者的创造性劳动。如表演的创造性。因此对邻接权也给予著作权法的保护。

（二）区别

（1）主体不同。邻接权的权利主体几乎都是法人单位，著作权则包含自然人、法人、非法人组织，而且实践中以自然人居多。

（2）保护对象不同。邻接权保护的是传播作品过程中产生的成果的权利，著作权保护的是作品本身。

（3）内容不同。邻接权通常不具有人身权利的性质（表演者权除外），著作权则包含人身权和财产权。邻接权只有法律规定的几种，著作权的权利范围则非常广泛，法律甚至还用了列举性规定之后，通过概括性条款对"应当由著作权人享有的其他权利"予以规定。

（4）受保护的前提不同。邻接权的保护应当以尊重著作权为前提，即邻接权的产生应当以著作权人同意其传播为前提，如未经著作权人同意，则传播者使用他人作品系侵权，侵权行为不能产生邻接权。

第二节　出版者的权利

一、出版者权的概念和性质

出版者权，是指出版者对其出版的作品所享有的一系列权利的统称。客体即所出版的图书、报纸、期刊及其版式设计。专有出版权是合同约定的权利，版式设计权是法定的权利。

出版者享有邻接权的本质原因，是从事了演绎创作，从而使原作品获得了新表现形式。出版者，仅是将他人的作品以某种特定的形式予以出版，好像没有创作结果，但因其对作品形式、装帧设计及排版等也有智慧贡献，因此被置于同演绎创作者同等的法律地位。凡是图书报刊出版者享有的权利，即出版商的权利，一概都属出版者权。

二、出版者权的内容

（一）图书出版者的专有出版权

《著作权法》第33条规定："图书出版者对著作权人交付出版的作品，按照合同约定享有的专有出版权受法律保护，他人不得出版该作品。"可见，在合同有效期和合同约定区域，出版者基于著作权人的授权而享有以同种文字的原版、修订版和缩编本的方式出版图书的独占权利。

（二）版式、装帧设计专有权

出版者有权许可或者禁止他人使用其出版的图书、期刊的版式、装帧设计。其中，版式设计指出版者出版图书、刊登文章所使用的开本、字体、字形、篇章结构安排等；装帧设计，主要是图书的封面设计、报刊的刊头、标题、装饰等装潢。

《著作权法》第37条规定："出版者有权许可或者禁止他人使用其出版的图书、期刊的版式设计。前款规定的权利的保护期为十年，截止于使用该版式设计的图书、期刊首次出版后第十年的12月31日。"

（三）修改权

《著作权法》第36条规定："图书出版者经作者许可，可以对作品修改、删节。报社、期刊社可以对作品作文字性修改、删节。对内容的修改，应当经作者许可。"

第三节　表演者权

一、概念

表演者，是指演员、歌唱家、音乐家、舞蹈家或表演、演唱、演讲、朗诵或者以其他方式表演文学艺术作品以及指挥这种表演的人。

表演是对作品的一种再现，是在已有作品的基础上对作品通过表演进行再创作的行为。表演者的权利以著作权人同意表演为前提。我国《著作权法》第 38 条规定，使用他人作品演出，表演者（演员、演出单位）应当取得著作权人许可，并支付报酬。演出组织者组织演出，由该组织者取得著作权人许可，并支付报酬。使用改编、翻译、注释、整理已有作品而产生的作品进行演出，应当取得改编、翻译、注释、整理作品的著作权人和原作品的著作权人许可。表演者权保护的客体为表演；权利主体为表演者；权利内容既包括财产权也包括人身权；保护期限，人身权保护期不限，财产权为 50 年，截止于该表演发生后第五十年的 12 月 31 日。

二、表演者的权利

（一）表演者的人身权利

（1）表明表演者身份。通常有如下几种形式：在演出广告、宣传栏、节目单或者文艺刊物刊登的剧照上标明表演团体和演员的名称和姓名；在表演之前由主持人介绍表演者的姓名；由广播电台、电视台播报表演者的姓名；通过字幕在屏幕上显示表演者的姓名等。

（2）表演形象不受歪曲。表演形象是由表演者所表现的艺术作品中的人物形象，不同于表演者的本来形象。前者是著作邻接权，即表演者权的问题；后者属于个人肖像权。

（二）表演者的财产权利

（1）播送权。许可他人从现场直播和公开传送其现场表演，并获得报酬的权利。

（2）录制权。许可他人录音录像，并获取报酬的权利。

（3）复制、发行权。表演者复制其表演的录音录像的权利；表演者发行其表演的录音录像的权利。

（4）网络传播权。许可他人通过信息网络手段向公众传播其表演，并因此获取报酬的权利。

第四节　录音录像制作者的权利

一、录音录像制作者和录制者

录音制品，是指任何对表演的声音或其他声音的专门录音，主要表现为唱片、录音磁带和激光唱片等；录像制品指影视作品以外的任何有伴音或无伴音的连续相关形象、图像的录制品（与视听作品的关系）。录制者，是指录音制品和录像制品的首次制作人。

二、和相关权利人的关系

（一）录音录像制作者和著作权人

第 42 条第 2 款规定："录音制作者使用他人已经合法录制为录音制品的音乐作品制作录音制品，可以不经著作权人许可，但应当按照规定支付报酬；著作权人声明不许使用的不得使用。"

（二）录音录像制作者和表演者

《著作权法》第 43 条规定，录音录像制作者制作录音录像制品，应当同表演者订立合同，并支付报酬。

三、录音录像制作者的权利

《著作权法》第 44 条规定："录音录像制作者对其制作的录音录像制品，享有许可他人复制、发行、出租、通过信息网络向公众传播并获得报酬的权利；权利的保护期为五十年，截止于该制品首次制作完成后第五十年的 12 月 31 日。"可见，录音录像制作者的权利包括：复制权、发行权、出租权、网络传播权。

第五节　广播者权利

一、概念

广播者权利又称为广播组织权，是指电台、电视台等广播组织对其编制的广播电视节目依法享有的权利。该权利的客体是广播电视组织编制的广播电视节目。

二、广播者的权利

（1）转播权。广播者将其播放的广播、电视予以转播或允许他人转播的权利。

（2）录制权。广播者将其播放的广播、电视录制在音像载体上。

（3）复制权。广播者复制音像载体的权利。

我国《著作权法》第 47 条规定，"广播电台、电视台有权禁止未经其许可的下列行为：（一）将其播放的广播、电视以有线或者无线方式转播；（二）将其播放的广播、电视录制以及复制；（三）将其播放的广播、电视通过信息网络向公众传播。"

三、广播者权利与著作权人的权利协调

《著作权法》第 46 条规定："广播电台、电视台播放他人未发表的作品，应当取得著作权人许可，并支付报酬。广播电台、电视台播放他人已发表的作品，可以不经著作权人许可，但应当支付报酬。"可见，《著作权法》通过区分作品是否已发表来确定广播是否应征得原著作权人同意，对于未发表的作品，应征得著作权人同意，防止因广播而处分了著作权人的发表权。

第十一章 著作权的取得、利用和转移

第一节 著作权的取得及保护期限

一、我国著作权取得制度

（一）自动取得制度

我国《著作权法》第 2 条第 1 款规定："中国公民、法人或者非法人组织的作品，不论是否发表，依照本法享有著作权。"第 2 条第 3 款规定："外国人、无国籍人的作品首先在中国境内出版的，依照本法享有著作权。"《著作权法实施条例》第 6 条规定："著作权自作品创作完成之日起产生。"可见，我国采取著作权自动取得制度，无须履行任何手续。

（二）自愿登记制度

我国著作权法对于作品实行自愿登记原则，著作权登记是指著作权主体依照法律的规定，向登记机关申请，将作品及其权刊登载于登记簿的行为。作品登记与否，不影响依法取得的著作权，只是有助于为确认著作权归属提供初步证据。当然，如果有相反证据证明早在作品登记之前即由他人创作完成，著作权仍然归属于该他人。

著作权登记根据作品本身的表现形式，分为计算机软件著作权登记和作品著作权登记两类。负责作品登记的机构为国家版权局和各省（自治区、直辖市）版权局，负责计算机软件著作权登记的机构为国家版权局。国家版权局认定中国版权保护中心为著作权登记机构。

二、著作权的保护期限

（一）著作权中人身权的保护期限

作者的署名权、修改权、保护作品完整权的保护期不受限制，不会发生权利消灭的问题。

（二）著作权中发表权与财产权的保护期限

著作权有保护期限的，期限届满，著作权消灭。

（1）公民的作品发表权以及《著作权法》第 10 条第 1 款第 5 项至第 17 项规定的著作权财产权的保护期限为作者终生及其死亡后五十年，截止于作者死亡后第五十年的 12 月 31 日；如果是合作作品，截止于最后死亡的作者死亡后第五十年的 12 月 31 日。

（2）法人或者非法人组织的作品，其发表权与《著作权法》第 10 条第 1 款第 5 项至第 17 项规定的权利的保护期为五十年，截止于作品首次发表后第五十年的 12 月 31 日，但作品自创作完成后五十年内未发表的，不再保护。

（3）电影作品和以类似摄制电影的方法创作的作品、摄影作品，其发表权与《著作权法》第 10 条第 1 款第 5 项至第 17 项规定的权利的保护期为 50 年，截止于作品首次发表后第五十年的 12 月 31 日，但作品自创作完成后五十年内未发表的，不再保护。

第二节　著作权的许可使用与转让

一、著作权许可使用

（一）概念

著作权许可使用，是指著作权人在保留其著作权人身份前提下，授权他人以一定的方式，在一定的时期和一定的地域范围内使用其作品的行为。亦称为著作权许可证贸易。

著作权许可使用既满足了使用人的利用需求，又不发生著作权的移转，能够较好地满足双方需求，是著作权利用最主要的方式。

（二）特点

（1）著作权许可使用并不改变著作权归属。

（2）被许可的权利受制于合同的约定。包括内容、期限、不可分售等的限制。

（3）除专有使用权人外，被许可人对第三人侵犯自己权益的行为一般不能以自己的名义提起诉讼。

（三）著作权许可使用合同

（1）合同类型，主要有：出版合同、表演合同、录制合同、播放合同等。

（2）许可使用的权利种类，即许可使用作品的方式。

（3）权利性质。许可使用的权利是专有使用权或者非专有使用权。

（4）许可使用的范围、期间。即被许可的著作权在地域上的效力和时间上的效力。

（5）付酬标准和办法。付酬标准可以由当事人约定，当事人未约定或约定不明确的，按照国务院著作权行政管理部门会同有关部门制定的付酬标准支付报酬。

（6）违约责任。著作权人的原因导致受许可人不能按照约定行使著作权，或受许可人不能如约支付许可使用费或超出约定范围使用作品等导致著作权人的合法权益受损，守约方有权追究对方违反合同的法律责任。

（7）双方认为需要约定的其他内容，如赠书、稿酬支付、重版印刷利益分成等。

二、著作权的转让

（一）概念

著作权的转让，是指著作权作为一项财产权，从一个民事主体合法转移到另一个民事主体支配下的行为。其法律后果是，著作权一经转让，出让人便丧失了该权利。

（二）特点

（1）发生著作权主体的变更。

（2）转让的对象仅限于著作权中的财产权利。

（3）著作权的转让与作品载体所有权无关。

（4）著作权转让的标的（权利内容）可以有多种选择。

（5）合同中没有明确约定转让的权利不发生转让。

（6）转让合同应当以书面形式订立。

（三）著作权转让合同的主要条款

根据我国《著作权法》第 27 条规定，转让本法第 10 条第 1 款第 5 项至第 17 项规定的权利，应当订立书面合同，转让合同的主要内容包括：（1）作品的名称；（2）转让的权利种类、地域范围；（3）转让价金；（4）交付转让价金的日期和方式；（5）违约责任；（6）双方认为需要约定的其他内容。

三、著作权许可使用与转让的联系与区别

（一）联系

著作权许可使用与转让，都是根据双方意思自治的结果，通过设立合同约定双方的权利义务，实现非著作权人对作品的使用，推动著作权流转和物尽其用。

《著作权法》第 29 条规定："许可使用合同和转让合同中著作权人未明确许可、转让的权利，未经著作权人同意，另一方当事人不得行使。"

（二）区别

（1）许可使用的情况下，原著作权人不变，而转让则著作权人发生变化。

（2）许可使用范围是基于著作权人的意思，受许可人使用的权利范围不能大于著作权人的权利范围；转让，则受让人行使的权利范围基本等于著作权的全部权利内容。

（3）转让的著作权可以作为知识产权设定质押、出资入股，但受许可人没有该权利。

第三节　著作权的法定转移

一、自然人作品著作权的继承

我国《著作权法》第 21 条规定："著作权属于自然人的，自然人死亡后，其本法第 10 条第 1 款第 5 项至第 17 项规定的权利在本法规定的保护期内，依法转移。著作权属于法人或者非法人组织的，法人或者非法人组织变更、终止后，其本法第 10 条第 1 款第 5 项至第 17 项规定的权利在本法规定的保护期内，由承受其权利义务的法人或者非法人组织享有；没有承受其权利义务的法人或者非法人组织的，由国家享有。"

（1）著作人身权不能作为继承的标的。《著作权法》第 22 条规定："作者的署名权、修改权、保护作品完整权的保护期不受限制。"《著作权法实施条例》第 15 条规定："作者死亡后，其著作权中的署名权、修改权和保护作品完整权由作者的继承人或者受赠人保护。著作权无人继承又无人接受遗赠的，其署名权、修改权和保护作品完整权由著作权行政管理部门保护。"据此规定，作者的署名权、修改权和保护作品完整权不受时间限制，著作人身权不能作为继承的标的。《著作权法实施条例》第 17 条规定："作者生前未发表的作品，如果作者未明确表示不发表，作者死亡后 50 年内，其发表权可由继承人或者受遗赠人行使；没有继承人又无人受遗赠的，由作品原件的合法所有人行使。"据此，著作人身权中的发表权不能继承，但可以在特定条件下由继承人或受遗赠人代为行使。

（2）合作作品的继承与权利转移。《著作权法实施条例》第 14 条规定："合作作者之一死亡后，其对合作作品享有的著作权法第 10 条第 1 款第 5 项至第 17 项规定的权利无人继承又无人受遗赠的，由其他合作作者享有。"

（3）关于继承与夫妻共同财产的问题。作者在婚姻关系存续期间创作的作品，无论是否在婚姻关系存续期间发表，创作人享有著作权，相应地享有报酬请求权，其配偶仅对该报酬享有夫妻共同财产所有权（夫妻财产约定个人所有的除外），而不享有著作权。如作者去世后获得著作权报酬，则该报酬首先划分出配偶的夫妻共同财产和创作人的遗产，遗产按照法定继承或遗嘱继承、遗赠办理。

二、法人或非法人组织作品著作权的承受

著作权属于法人或者非法人组织的，原则上，著作权的财产权按照一般财产权的规定处理，即根据《著作权法》第 21 条第 2 款规定："法人或者非法人组织变更、终止后，著作权法第 10 条第 1 款第 5 项至第 17 项规定的权利在著作权法规定的保护期内，由承受其权利义务的法人或者非法人组织享有；没有承受其权利义务的法人或者非法人组织的，由国家享有。"

《著作权法实施条例》第 15 条规定，其著作权中的署名权、修改权和保护作品完整权由享有著作财产权的法人、作者的继承人或受遗赠人予以保护；如果著作权无人继承又无人受遗赠的，则其署名权、修改权和保护作品完整权由国家著作权行政管理部门保护。

第十二章　著作权的限制

第一节　著作权的合理使用

一、概念及性质

（一）著作权合理使用的概念及性质

著作权的合理使用，是指在特定条件下，著作权人以外的人使用他人已经发表的作品，可以不经著作权人的许可，不向其支付报酬，但应当指明作者的姓名、作品名称，并且不得侵犯著作权人的其他权利。

（二）合理使用的要件

（1）不得损害作者的人身权利。即合理使用的前提必须能保障著作权人的发表权、署名权、保护作品完整权。

（2）使用的作品已经发表。利用未发表的作品涉嫌侵害著作权人的人身权，且因未发表的作品无法从公开渠道获知，因此合理使用仅限于已经发表的作品。

（3）使用的目的仅限于为个人学习、研究或欣赏，或者为了教学、科学研究、宗教或慈善事业以及公共文化利益需要等正当目的。以上三个要件必须同时具备。

二、合理使用的种类

《著作权法》第 24 条规定了在下列情况下使用作品，可以不经著作权人许可，不向其支付报酬，但应当指明作者姓名或者名称、作品名称，并且不得影响该作品的正常使用，也不可以不合理地损害著作权人的合法权益。具体包括：

（1）为个人学习、研究或者欣赏，使用他人已经发表的作品。

（2）合理引用行为。为介绍、评论某一作品或者说明某一问题，在作品中适当引用他人已经发表的作品。①目的通常是说明自己的思想观点或情感。②引用比例适当，如果"引用"比例失当，则很可能转化为抄袭。③要求被引用的作品必须是已经发表的。④应当说明作品出处和作者姓名。

（3）新闻报道使用。为报道时事新闻，在报纸、期刊、广播电台、电视台等媒体中不可避免地再现或者引用已经发表的作品。在报道中应注明被引用的作品的出处。

（4）对政论性文章的转载、转播。报纸、期刊、广播电台、电视台等媒体刊登或者播放其他报纸、期刊、广播电台、电视台等媒体已经发表的关于政治、经济、宗教问题的时事性文章，但著作权人声明不许刊登、播放的除外。

（5）对公开演讲的转载、转播。报纸、期刊、广播电台、电视台等媒体刊登或者播放在公众集会上发表的讲话，但作者声明不许刊登、播放的除外。

（6）公益性利用行为。为学校课堂教学或者科学研究，翻译、改编、汇编、播放或者少量复制已经发表的作品，供教学或者科研人员使用，但不得出版发行。

（7）公务使用。国家机关为执行公务在合理范围内使用已经发表的作品，应当注意使用的方式仅限于执行公务，完成国家机关职能，超出这个范围则不属于合理使用；这种使用应限于合理范围。

（8）馆藏陈列或保存版本。图书馆、档案馆、纪念馆、博物馆、美术馆、文化馆等为陈列或者保存版本的需要，复制本馆收藏的作品。

（9）免费表演。免费表演已经发表的作品，该表演未向公众收取费用，也未向表演者支付报酬，且不以营利为目的。因为救灾、扶贫等公益目的需要而筹集捐款资金表演使用他人作品的，不属于"合理使用"。

（10）室外陈列品的使用。对设置或者陈列在室外公共场所的艺术作品进行临摹、绘画、摄影、录像。

（11）对汉族文字作品的翻译。将中国公民、法人或者非法人组织已经发表的以国家通用语言文字创作的作品翻译成少数民族语言文字作品在国内出版发行；

（12）以阅读障碍者能够感知的无障碍方式向其提供已经发表的作品。如将已经发表的作品翻译成盲文出版。

（13）法律、行政法规规定的其他情形。

前述著作权合理使用的行为，同样适用于对著作权邻接权的限制。

第二节　法定许可使用

一、概念和特点

法定许可使用是指根据法律的直接规定，以特定的方式使用他人已经发表的作品可以不经著作权人的许可，但应当向著作权人支付使用费，并尊重著作权人的其他各项人身权和财产权利的制度。《著作权法》第 25 条规定了法定许可制度。

法定许可使用的特点主要有：（1）作品仅限于已发表的作品；（2）使用不违背著作权人的意愿；（3）使用方式符合法律规定；（4）使用主体具有法定的限定性；（5）按规定支付报酬。

二、法定许可的方式

（一）法定许可编写教科书

为实施九年制义务教育和国家教育规划而编写出版教科书，除作者事先声明不许使用的以外，可以不经著作权人许可，在教科书中汇编已经发表的作品片段或者短小的文字作品、音乐作品或者单幅的美术作品、摄影作品、图形作品，但应当按照规定向著作权人支付报酬，指明作者姓名或者名称、作品名称，并且不侵犯著作权人依照本法享有的其他权利。

（二）法定许可转载或摘编

作品刊登后，除著作权人声明不得转载、摘编的外，其他报刊可以转载或者作为文摘、资料刊登，但应当按照规定向著作权人支付报酬。

（三）法定许可录音

录音制作者使用他人已经合法录制为录音制品的音乐作品制作录音制品，可以不经著作权人许可，但应当按照规定支付报酬；著作权人声明不许使用的不得使用。

（四）法定许可播放

广播电台、电视台播放他人已发表的作品（电影作品和以类似摄制电影的方法创作的作品、录像作品除外），可以不经著作权人许可，但应当支付报酬。

广播电台、电视台播放已经出版的录音制品，可以不经著作权人许可，但应当支付报酬。当事人另有约定的除外。作品仅限于录音制品，不包括录像制品。具体办法由国务院规定。

作为法定许可的一种特殊情况，使用主体仅限于广播电台和电视台，不适用自媒体等。

三、合理使用与法定许可的异同

（一）相同

（1）两者的目的相同，都是因促进社会公共利益的需要而适当限制著作权人的权利，以便于作品的推广使用。

（2）对象相同，都是对已发表作品的使用。

（3）都无须经过著作权人许可，即可以自行决定使用。

（二）区别

（1）有无主体范围限制。

（2）是否需要向著作权人支付报酬。

（3）是否不得违反著作权人的意愿。

四、法定许可不同于强制许可

强制许可是指在特定的条件下，由著作权主管机关根据情况，将对已经发表作品进行特殊使用的权利授予申请获得此项使用权的人，并把授权的依据称为"强制许可证"。目的是防止著作权人滥用权利，妨碍公众基于正当目的和合理条件使用作品。我国著作权法中没有规定强制许可制度，但是我国已加入的《伯尔尼公约》和《世界版权公约》，其现行文本都规定了强制许可制度，因此我国也适用公约关于强制许可的规定。

强制许可在著作权法上有两层含义。① 第一层是指在著作权人无正当理由而拒绝与使用者达成使用作品协议情况下，使用者经向著作权行政管理部门申请并获授权而使用该作品。第二层是指著作权国际条约中对发展中国家的一种优惠，即发展中国家的使用者想翻译或者复制某一外国作品，但又找不到著作权人，或者虽然找到著作权人但得不到许可，则可以通过一定的程序，从本国的著作权管理机关获得"强制许可证"，以翻译或复制有关的外国作品，但是应当向著作权人支付报酬。

---

① 齐爱民、朱谢群主编：《知识产权法新论》，北京大学出版社 2008 年版。

第十三章　著作权的保护

第一节　著作权保护概述

一、侵犯著作权行为的概念

侵犯著作权的行为，是指自然人、法人或非法人组织等，未经著作权人许可，又无法律上可以使用的依据，而擅自使用其著作权的行为。这里所说的著作权，也包括著作邻接权。符合法定许可、强制许可、合理使用等范围，但未署名，或未依法支付报酬的，也构成侵害著作权的行为。

2002年10月12日最高人民法院审判委员会通过的《最高人民法院关于审理著作权民事纠纷案件适用法律若干问题的解释》（法释〔2002〕31号）对人民法院受理的著作权侵权等民事纠纷案件的审理，确认了管辖法院、举证等诉讼规则。最高人民法院对于著作权侵权纠纷确立了著作权权属纠纷、侵害作品发表权纠纷等28类具体案由。

二、著作权侵权行为的构成要件

（1）行为具有违法性。侵权人具备未经著作权人许可，又无可以不经同意使用的法律依据，而擅自使用其著作权的行为或未依法署名、支付报酬等行为。

（2）损害事实。包括精神利益和经济利益损害。

（3）因果关系。违法行为与损害事实之间有因果关系。

（4）主观过错。赔偿损失以过错为要件，停止侵权不以过错为要件。

三、著作权侵权的种类

（1）直接侵权。未经作者或其他著作权人的许可而有复制、出版、发行、改编、翻译、广播、表演、展出、摄制电影等行为。

（2）间接侵权。侵权人的侵权行为是他人侵权行为的继续，从而构成间接侵权；或某人须对他人的行为负一定责任，而自己并没有直接从事侵权行为。

（3）违约性侵权。主要发生在著作权转让及著作权许可活动中，如著作权受让人或被许可人违反合同约定，擅自超出协议约定使用或允许他人使用著作权，构成违约与侵权的责任竞合，受害人可以根据我国《民法典》第 186 条，追究侵权人的侵权责任或依据双方合同追究其违约责任。

第二节　著作权侵权行为与法律责任

一、著作权侵权行为的具体种类

《著作权法》第 52 条明确列举了 10 种侵权行为，同时为了涵盖立法时尚无法明确列举的其他侵权行为，以第 11 项兜底条款规定。

（1）未经著作权人许可，发表其作品的。比如，尚未发表的著作手稿的保管人，未经作者同意即擅自发表其作品。

（2）未经合作作者许可，将与他人合作创作的作品当作自己单独创作的作品发表的。

（3）没有参加创作，为谋取个人名利，在他人作品上署名的。

（4）歪曲、篡改他人作品的，侵犯作者的保护作品完整权。

（5）剽窃他人作品的。将他人创作的作品冒充为自己的作品并加以使用的行为。

（6）未经著作权人许可，以展览、摄制视听作品的方法使用作品，或者以改编、翻译、注释等方式使用作品的，著作权法另有规定的除外。

（7）使用他人作品，应当支付报酬而未支付的。主要指那些按照著作权法的规定，使用他人已发表的作品，可以不经著作权人许可，但应当按照规定支付报酬的情况。

（8）未经视听作品、计算机软件、录音录像制品的著作权人、表演者或者录音录像制作者许可，出租其作品或者录音录像制品的原件或者复制件的，著作权法另有规定的除外。

（9）未经出版者许可，使用其出版的图书、期刊的版式设计的。

（10）未经表演者许可，从现场直播或者公开传送其现场表演，或者录制其表演的。

（11）其他侵犯著作权以及与著作权有关的权利的行为。

二、著作权侵权的民事责任

根据《著作权法》第 53 条、第 54 条的规定，侵犯著作权的行为应当根据情况承担民事责任。

（1）停止侵害。无论侵权行为人主观上是否有过错，都必须立即停止著作权侵权行为。

（2）消除影响。主要适用于著作权人身权利受到侵害的情形。

（3）赔礼道歉。视不利影响范围而确定采用登报、公共场所声明及在侵权网站声明等。

（4）赔偿损失。侵权人应当按照权利人的实际损失给予赔偿；实际损失难以计算的，可以按照侵权人的违法所得给予赔偿。赔偿数额还应当包括权利人为制止侵权行为所支付的合理开支。权利人的实际损失或者侵权人的违法所得不能确定的，由人民法院根据侵权行为的情节，判决给予五百元以上五百万元以下的赔偿。

三、侵犯著作权的行政责任

根据我国《著作权法》第 53 条规定，侵犯著作权的行为同时损害公共利益的，由主管著作权的部门责令停止侵权行为，予以警告，没收违法所得，没收、无害化销毁处理侵权复制品以及主要用于制作侵权复制品的材料、工具、设备等，违法经营额五万元以上的，可以并处违法经营额一倍以上五倍以下的罚款；没有违法经营额、违法经营额难以计算或者不足五万元的，可以并处二十五万元以下的罚款；构成犯罪的，依法追究刑事责任①。

四、侵犯著作权的刑事责任

侵犯著作权罪，是指侵犯他人著作权、依法应追究刑事责任的严重违法行为。

我国《刑法》第 217 条规定，以营利为目的，未经著作权人许可，复制发行、通过信息网络向公众传播其文字作品、音乐、美术、视听作品、计算机软件及法律、行政法规规定的其他作品的；出版他人享有专有出版权的图书的；未经录音录像制作者许可，复制发行、通过信息网络向公众传播其制作的录音录像的；未经表演者许可，复制发行录有其表演的录音录像制品，或者通过信息网络向公众传播其表演的；制作、出售假冒他人署名的美术作品的，未经著作权人或者与著作权有关的权利人许可，故意避开或者破坏权利人为其作品、录音录像制品等采取的保护著作权或者与著作权有关的权利的技术措施的，违法所得数额较大或者有其他严重情节的，处三年以下有期徒刑或者拘役，并处或者单处罚金。违法所得数额巨大或者有其他特别严重情节的，处三年以上十年以下有期徒刑，并处罚金。《刑法》第 218 条规定：以营利为目的，销售明知是本法

---

① 详见《刑法》第 217—218 条的规定。

第 217 条规定的侵权复制品，违法所得数额巨大或者有其他严重情节的，处五年以下有期徒刑，并处或者单处罚金。2004 年施行的《最高人民法院、最高人民检察院关于办理侵犯知识产权刑事案件具体应用法律若干问题的解释》第 5 条、第 6 条分别规定了相应的刑事责任认定问题。

第四编

商 标 法

第十四章　商标法律制度概述

第一节　商标概述

一、商标的含义

郑成思教授将商标定义作"任何能够将自然人、法人或者其他组织的商品和/或服务与他人的商品或服务区别开的可视性标志，尤其是文字、图形、字母、数字、三维标志和颜色组合，以及上述要素的组合"。[1] 吴汉东教授认为商标一般由文字、图形、字母、数字、三维标志、颜色或者其组合构成。商标附着于商品、商品包装、服务设施或者相关的广告宣传品上，目的是帮助消费者将一定的商品或者服务项目与其经营者联系起来，并且与其他经营者的同类商品或者服务项目相区别。[2] 此商标概念的界定主要关注区分功能，并未限定商标被感知的方式。刘春田教授认为商标是经营者为了使自己的商品或服务与他人的商品或服务相区别而使用的识别标记。由使用商标的主体，即经营者；商标标志，如文字、图形、声音等；和使用商标标识的商品或服务三项要素构成。[3] 该定义对商标概念进行了立体的架构，也是在实证的基础上，对商标法条文规范中商

---

[1]　郑成思：《知识产权论》，法律出版社2003年版，第91页。

[2]　吴汉东：《知识产权法学》（第6版），北京大学出版社2021年版，第228页。

[3]　刘春田主编，《知识产权法学》编写组：《知识产权法学》，高等教育出版社2019年版，第173页。

标概念的提取和理解。商标的含义主要包括以下三个方面的内容：

（1）商标是用于商品和服务上的标记。附置商标的方式有使用商标标签，将商标印在商品上，有的商品本身不能或不宜制作标记的，则将商标附置与其容器或包装上。

（2）商标是区别商品和服务来源的标记，而不是标明产品和服务本身任何特征的标识。

（3）商标是由文字、图形、字母、数字、三维标志、颜色组合和声音构成，具有显著特征的人为标记。

二、商标的作用

现代商标理论认为，商标有三种功能：标示商品来源功能（origin function）、保证品质功能（quality or guarantee function）以及投入和广告宣传功能（investment or – advertising function）。①

（一）标示来源的作用

商标固有的、基本的功能是将不同企业生产或经销的相同商品或类似商品区别开来，将相同类型服务不同的服务者区别开来。

（二）保证品质的作用

基于前述商标标示商品和服务提供者的作用，特定“牌子”商品或服务与提供者建立了确定的联系，如果消费者在某一次购买产品或接受服务过程中有不好的体验，就会将这种不好体验与产品或服务提供者挂钩，影响以后再选择特定“牌子”的商品或服务，因此商标间接有了保证商品或服务品质的作用。

（三）广告宣传作用

商标是用于商品和服务上具有显著特征的人为标记，具有彰显个性的作用，用于企业宣传时容易被消费者记住，所以商标有广告

---

① W. R. Cornish, Intellectual Property: Patents, Copyright, Trade Marks and Allied Rights, London Sweet & Maxwell, 1996, 527

宣传作用。实践中很多企业会把商标与企业名称或商号关联，用于宣传推广，这样既增加了商标的知名度，也利于企业被消费者接受，增加产品和服务的销售。

三、商标构成的要素

商标分为广义范畴和狭义范畴。广义的商标包括注册商标（R）和未注册商标（TM），狭义的商标指注册商标。① 我国商标法以保护注册商标为原则，商标只要经过注册取得商标权证书，就受到商标法保护，而未注册商标只有在符合商标法规定的特别情形下才受到法律保护。鉴于《商标法》虽未对商标进行定义规范，也未明确商业标识的概念，但其通过法律条文的设计对商标的范畴进行了选择，抛弃了纷繁复杂的广义的商业标识，从注册商标和未注册但使用的商标角度立法来进行保护，因此商标注册需要符合法律规范的要求，需要达到通过注册审核的标准才能取得相应的权利。简单概括起来注册商标的构成条件有两个，一是由法定要素组成；二是标识具有显著性。

（一）法定构成要素

商标应由法定的构成要素组成是知识产权法定性的体现，《商标法》第8条规定："任何能够将自然人、法人或者其他组织的商品与他人的商品区别开的标志，包括文字、图形、字母、数字、三维标志、颜色组合和声音等，以及上述要素的组合，均可以作为商标申请注册。"因此依照现行法律规定，构成商标的要素包含一切可视性标志和声音。商标构成的法定要素是随着我国法律的修订逐步扩展的过程。我国1982年第一部《商标法》仅规定平面可视性标识可以申请商标注册。第二次修改增加了三维标志和颜色组合，商标构成的法定要素扩展到一切可视性的标识。《商标法》第三次修订，商标构成的法定要素扩展到一切可视性要素和声音。

---

① 本部分讲述的商标构成的积极条件，系针对注册商标而言。

在构成要素上，我国商标立法中对商标构成要素采用了非穷尽性列举的方式，在列举要素类型后都会以"等"字兜底，这有利于防止商标法受制于时代性的局限而造成本应受到保护的商标要素类型落入无法被纳入保护的境地的举措。

（二）标识具有显著性

在满足商标法构成要素的前提下，标识还需要具有显著性才能被作为商标申请注册，显著性是审查的重点。①

1. 显著性的含义

标识具有显著性是商标受到保护的根本性条件，是商标法对其保护客体的创造性要求，显著性指商标具有显著特征，可以用于区别不同的商品和服务提供者，便于识别。对标识是否具有显著性的判断，要回归到商标的本质功能，即区分商品或服务的提供者，如果仅仅能够区别不同商品，或者无法让标识和商品或服务来源建立联系，这个标识就没有显著性。

2. 商标的显著性分类

就我国商标的使用情况而言，可依商标的显著性将商标分为：臆造商标、暗示性商标、描述性商标和借用商标。

（1）臆造商标。是为使用于某一商品而独创的，它不仅本身不对其标志的商品或服务作任何描述，不传递任何有关商品服务的信息，更重要的是商标所使用的文字、图形也不代表其他任何事物，不发挥任何其他功能。

（2）暗示性商标。间接的描述或影射它所表彰的商品或服务，虽有一定的描述性，但区别性是主要的。

（3）描述性商标。直接描述了商品的某一特性、传递着有关商品或服务的信息。可分为以下几种情形：①描述其标志的商品或服

---

① 《商标法》第9条规定："申请注册的商标，应当有显著特征，便于识别，并不得与他人在先取得的合法权利相冲突。"

务的特点；②描述商品或服务的质量、功能的；③描述商品或服务的地理来源。

（4）借用商标。这类商标在我国使用最为普遍，它将与商品或服务毫无任何关系的指代其他特定事物的词汇借用到自己的商品或服务中作为商标来使用，它既无暗示性商标的含蓄、隐喻，亦无描述性商标里与商品的联系。

3. 显著性的产生和淡化

商标显著性的产生通常有两种方式。第一种方式是，商标图案在设计完成时由于其在构成上所固有的特征足以起到区别作用，从而在作为商标使用时自然具备显著性。通常人们根据商标显著性的强弱不同将商标分为强商标和弱商标。所谓强商标，顾名思义，其显著性极强，一般来说其图案或者造型原先没有任何约定俗成的或者既定的含义，只是一个抽象图案或者造型，或者是现实语言文字中不曾存在的词。[1] 专业设计师在设计商标图案时通常会就其设计图案的显著性专门进行研究，目的在于使其设计出的商标具有较强的显著性。[2]

除了强商标之外，现实中还存在着大量的弱商标。所谓弱商标即商标图案或造型本身含有一些作为商标以外的既定含义的商标。这种既定含义的存在尽管在一定程度上降低了该商标的显著性，但并不能仅以有含义为由而完全否定其显著性。因此各国商标法也仍对此类商标给予保护。只是在保护的水平上与强商标存在一定差异。

（三）商标构成的禁止条件

商标构成的禁止条件分为"不得使用"和"不得注册"两类，

---

[1]　比如，美国的"柯达（Ko‐dak）"、日本的"索尼（Sony）"等商标的文字均非现有词典中所能查到的词汇，而是设计人创造的。这些都属强商标之列。

[2]　比如香港上海汇丰银行的服务商标便是由著名的犹太设计师 Henry Steiner 设计的一个极富显著特征的、对称的抽象图形。据称该标记的设计费在 1983 年就高达 60 万港元。

"不得使用"是比"不得注册"更严格的禁止，不仅不能作为商标注册，也不能作为未注册商标使用，一般这些标识都与社会公共利益有关；"不得注册"一般是因为标识缺乏显著性，但是可以作为商标使用，如果经过长期使用，使得该标识具有了标明商品或服务来源的显著性，就可以作为商标注册。

1. 不得作为商标使用的标志

具备下列情形之一的标识，均不能作为商标使用，当然更不能作为商标注册。

（1）同中华人民共和国的国家名称、国旗、国徽、军旗、勋章相同或者近似，以及同中央国家机关所在地特定地点的名称或者标志性建筑物的名称图形相同的。

（2）同外国的国家名称、国旗、国徽、军旗相同或者近似的，但该国政府同意的除外。

（3）同政府间国际组织的名称、旗帜、徽记相同或近似的，但经该组织同意或者不易误导公众的除外。

（4）与表明实施控制、予以保证的官方标志、检验印记相同或近似的，但经授权的除外。

（5）同红十字、红新月的名称、标志相同或近似的。

（6）带有民族歧视性的。

（7）夸大宣传并带有欺骗性的。

（8）有害于社会主义道德风尚或有其他不良影响的。

（9）县级以上行政区划的地名或公众知晓的外国地名，但地名具有其他含义或作为集体商标、证明商标组成部分的除外，已经注册的使用地名的商标继续有效。

因此禁止使用县级以上行政区划名称或公众知晓的外国地名作商标。但是，县级以下地名或不为公众知晓的外国地名不在禁止之列。另外，地名另有其他含义的，也可以作为商标。即地名有表明地理来源以外的其他含义，如"长寿区"中的"长寿"，"黄山市"

中的"黄山"，既是县级以上行政区划名称，又具有其他含义，可以作为商标使用并获得注册。

2. 不得作为商标注册的标志

下列标识因为缺乏显著性禁止作为商标申请注册，但可以使用；如果经过长期使用取得显著性，并便于识别的可以作为商标注册。具体情形如下：

（1）仅有本商品的通用名称、图形、型号的，这是商品本身的特征标识，不能用于区别商品的提供者，因此不能作为商标注册。

（2）仅仅直接表示商品的质量、主要原料、功能、用途、重量、数量及其他特点的。

（3）缺乏显著特征的。

（4）以三维标志申请注册商标的，仅由商品自身的性质产生的形状、为取得技术效果而需有的商品形状或者是商品具有实质性价值的形状，不予注册。

（5）商标中有商品的地理标志，而该商品并非来源于该标志所标示的地区，误导公众的，不予注册。

（6）与其他合法在先权利冲突，其他在先权利包括在先的著作权、地理标志权、商号权、外观设计专利权、姓名权、肖像权。

3. 其他不得使用和注册的情形

下述不得注册和使用的情形，不是因为标识本身有需要禁止的原因，而是因为有在先的商标权人需要保护。

（1）与同类在先注册商标相同或相似。申请注册的商标在相同或相似商品和服务上不得与他人注册商标相同或近似（统称为混同）。所谓相同商标，是指用于同一种或类似商品上的两个商标的文字、图形等标志相同。是指名称、用途、功能、原料或者销售渠道等方面相同的商品。相同服务，是指在服务的名称、内容、方式、对象等方面相同的服务。对于相同商标及相同商品的认定，界限比较清晰，一般不会发生歧义，但对于商标相似、商品和服务相似的认定就比较容易发生歧义。

所谓近似商标，是指在同一种或类似商品上用作商标的文字、图形、读音或含义等要素大体相同的商标。判断商标是否近似，应从商标的外观、读音和含义三个方面来判断。相似商品，是指在功能、用途、生产部门、销售渠道、消费对象等方面相同，或者相关公众一般认为其存在特定联系、容易造成混淆的商品。

（2）对驰名商标的特别保护。对于注册的驰名商标来说，就不相同或不相类似商品申请注册的商标是复制、摹仿或者翻译他人已经在中国注册的驰名商标，误导公众，致使该驰名商标注册人的利益可能受到损害的，不予注册并禁止使用。因此对已注册驰名商标的保护，扩大到不相同或不相类似商品或服务上。

（四）商标应符合公共秩序和善良风俗

首先，各国商标法均规定了不得以国名、国旗、国徽、国歌、军旗、军徽、军歌等代表国家的标志以及国际组织的名称、旗帜、徽记等相同或近似图案作商标。

其次，不得以民族歧视性的文字、图形、三维造型或声音作为商标。[1]

最后，商标图案或者造型不得有悖道德。商标作为一种商业标记广泛出现于公共场所，因而具有广而告之的作用。各国商标法均不允许有悖道德的商标流行于世。商标的素材有悖道德主要有两种情况。第一种情况是商标素材本身所直接表达的含义有悖道德。[2]

---

[1] 曾有人以 "DARKIE"（黑人）作为牙膏的商标。商人以此作为商标本意是想暗示产品的效果。但该商标却屡屡引起黑色人种的强烈不满。因为 "DARKIE" 一词类似于 Darky、Darkey、Negro、Nigger、Nig - nog 等词语均为对黑人的蔑称，故被认为带有种族歧视性质。后来该商标已改为 "DARLIE"。《叫了88年的 "黑人牙膏" 将改名为 "好来"！网友：怎么听着更土了》，载网易网，浏览时间 2022 年 7 月 20 日。

[2] 比如，曾有人将一种白酒名取作 "二房佳酿"，并提出商标注册申请；还有人以 "塔玛地" 作为服务标记使用。这些与我国的传统道德观念和善良风俗相抵触。

《商标法》第 10 条第 1 款第 8 项所规定的"有害于社会主义道德风尚或者有其他不良影响"与《民法典》规定的"违背公序良俗"的内涵是一致的。

社会主义道德风尚，通常指与中国特色社会主义的经济、政治、文化状况相适应，一定时期社会上普遍流行的道德观念、善恶标准、道德行为模式和道德心理习惯等。其他不良影响，是指标志的文字、图形或者其他构成要素具有贬损含义，或者该标志本身虽无贬损含义但作为商标使用。

第二节　商标法概述

一、商标法的概念

商标法是指调整因商标的注册、使用、管理和保护商标专用权而发生的各种社会关系的法律规范的总称。

商标权是一种财产权利，商标使用包括商标权人自己依法使用自己的注册商标、禁止他人未经许可在相同或相似商品上使用相同或相似的商标，也包括商标权人通过商标许可或者转让方式允许他人使用注册商标，商标使用过程发生的社会关系，是商标法调整的另一重要内容。商标管理不仅涉及商标权人及其商业竞争者，也与消费者利益密切相关，对于商标使用、商标标签印制等进行管理，也需要由商标法进行调整。

商标权人的权利需要依法保护，侵犯商标权的法律行为构成要件、法律责任、司法措施、保护方式、保护机关等都是商标法要调整的对象。

二、商标法的起源和发展

（一）商标制度的起源

法国于 1857 年制定的《关于以使用原则和不审查原则为内容的制度标记和商标的法律》是世界上第一部具有现代意义的商标法，开辟了将商标纳入工业产权的保护范围之先河。[①] 此后欧洲大陆的工业国家也相继制定了商标法。

至此，商标开始作为一种专有权在各国法律中得到确认。和早期商标相比，现代商标已不再仅仅是简单的商品标记，它已成为能够指示商品来源、保证产品质量、承载商誉、拥有广告宣传效果的具备财产属性且可以进行转让和买卖的一种受法律保护的工业产权和无形资产。伴随着国际贸易的发展和世界经济的繁荣，商标保护日趋全球化，自 19 世纪下半叶开始，相关商标保护的国际公约广泛地在世界范围内相继缔结，有关商标保护的国际组织相应成立，《巴黎公约》与 TRIPS 协定规定了缔约各方关于商标保护所共同遵循的原则。此外，国际上还先后缔结了《马德里协定》《尼斯协定》《维也纳协定》等，就商标法律事务建立了一系列规定与办法。商标保护进入了国际化的全面发展阶段。

（二）商标法的发展

随着市场经济发展，特别是全球贸易一体化程度的加深，商标在市场推广中的作用越来越重要，商标的市场价值也更加凸显，自 20 世纪 90 年代以来商标制度发展迅速。

世界贸易组织的建立不仅仅提高了商标保护的标准，更重要的是将商标保护与贸易联系在一起，使得商标权的国际保护得到更加有效的保障。世界贸易组织通过设立争端解决机制，保障各成员国履行各自的义务，确保商标保护的规则可以得到实施。

---

① 李明德：《两大法系背景下的商标保护制度》，载《知识产权》，2021 年第 8 期。

三、我国商标制度的产生及发展

（一）我国商标制度的历史沿革

我国历史上第一部成文商标法《商标注册试办章程》。该法始终未付诸实施。[①] 国民政府在 1930 年颁布实施了《商标法》和《商标法实施细则》并正式成立商标局，建立了较为全面系统的商标制度。由于历史原因，这些商标保护的法律制度未在全国范围内有效实施。[②]

1951 年，政务院批准了《商标注册暂行条例》，并在 9 月由中央人民政府财政经济委员会颁行了《商标注册暂行条例施行细则》，中央私营企业局商标处随即开始受理商标注册申请，统一开展全国商标注册工作。[③] 1963 年国务院公布《商标管理条例》、1982 年第五届全国人民代表大会常务委员会第 24 次会议通过《商标法》，《商标法》是中华人民共和国第一部知识产权的专门法律。

（二）《商标法》的修改与完善

我国《商标法》经历了四次修改。

1993 年，第七届全国人民代表大会常务委员第 30 次会议通过了对《商标法》的第一次修改。

2001 年，第九届全国人大常委会第 24 次会议审议通过了对《商标法》的第二次修改，我国商标法立法更加规范，对商标权保护力度和范围达到了"世界贸易组织"规则的要求。

2013 年，第十二届全国人民代表大会常务委员会第 4 次会议通过了对《商标法》的第三次修改。

[①] 曾陈明汝著、蔡明诚续著：《商标法原理》，新学林出版股份有限公司 2007 年版，第 4 页。

[②] 屈春海：《清末中外关于〈商标注册试办章程〉交涉史实考评》，载《历史档案》2012 年第 4 期。

[③] 崔守东：《新中国七十年商标工作回顾与展望》，载《知识产权》2019 年第 10 期。

2019 年，第十三届全国人民代表大会常务委员会第 10 次会议通过了对《商标法》进行第四次修改。

从四次修订可以看出，我国商标法对于商标权保护范围和保护力度不断加强，保护手段更加具有针对性和可操作性，同时也关注了商标的本质功能，从立法上遏制利用商标法律制度不劳而获的行为。

第十五章　商标权概述

第一节　商标权的取得

一、商标权的产生依据

大部分国家及地区的商标法都规定了商标权注册取得制度，少数国家如美国一直坚持商标权使用取得制度，并且采用的是单一的使用取得制度，其商标注册程序被认为仅仅是对已经通过使用行为获得的商标权的行政确认；[①] 还有一些国家采用商标权注册取得制度和商标权使用取得制度并存的混合制度。[②]

二、我国的法律规定

（一）自愿注册原则

《商标法》采自愿注册原则，对极少数与人们健康关系密切的商品实行强制注册。《商标法》第 4 条规定："自然人、法人或者其他组织在生产经营活动中，对其商品或者服务需要取得商标专用权的，应当向商标局申请商标注册。"第 6 条规定："法律、行政法规

---

① 谢东伟：《中国商标法的效率与公平》，立信会计出版社 2012 年版，第 2 页。

② 例如，《德国商标法》的第 4 条规定了 3 种获得商标保护的途径，即商标注册、获得了第二含义的商标使用以及巴黎公约所规定的驰名商标。其中商标注册途径和商标使用途径分别代表了商标权注册取得制度和商标权使用取得制度，因此德国应该被视为兼采两种制度。

规定必须使用注册商标的商品，必须申请商标注册，未经核准注册的，不得在市场销售。"1982 年通过的《商标法》规定除烟草及药品外，其他商品均采用商标自愿注册制度。

（二）先申请原则

《商标法》采申请在先原则，两个或两个以上的商标注册申请人，在相同或类似的商品上以相同或近似的商标申请注册时，申请在先的商标，其申请人获得商标专用权。商标权取得不以使用为前提，但如果两个或两个以上的人同一天在相同或类似的商品或服务上申请注册相同或近似的商标，在先使用人有优先权。

（三）优先权原则

优先权原则是《巴黎公约》确定的国际保护工业产权的重要原则之一，《商标法》与国际接轨，在商标注册申请中适用优先权原则，包括国际优先权和国内优先权。

（1）国际优先权。《商标法》第 25 条规定："商标注册申请人自其商标在外国第一次提出商标注册申请之日起 6 个月内，又在中国就相同商品以同一商标提出商标注册申请的，依照该外国同中国签订的协议或者共同参加的国际条约，或者按照相互承认优先权的原则，可以享有优先权。"

（2）国内优先权。《商标法》第 26 条规定："商标在中国政府主办的或者承认的国际展览会展出的商品上首次使用的，自该商品展出之日起 6 个月内，该商标的注册申请人可以享有优先权。"

三、商标注册申请

自然人或法人可以按照《商标法》及实施条例的规定，将在生产经营或服务中使用或拟使用的标识，向商标局提出商标注册申请，提交相应的文件，办理商标注册。外国人或外国企业在中国申请商标注册，法律规定仍然必须委托依法设立的商标代理机构办理。

（一）商标注册申请人

商标注册申请人可以是自然人、法人和其他组织，申请人还可以是两个或两个以上自然人、法人和其他组织，共同享有和行使商标专用权。[①] 商标申请人可直接向商标局提出注册申请，因为商标申请涉及商标查询、设计、提交申请文件等事项，为节省时间及精力、提高申请效率，商标申请人也可以委托有资质的商标代理机构代理。[②]

（二）商标注册申请文件

办理商标注册的申请人，在申请商标注册之前，需先办理商标查询，对申请注册商标是否有相同或相似的商标在先注册进行查询，以防止在查询之前就开始投入物力、时间进行商标设计，设计完成之后发现无法获得注册核准。

1. 商标注册申请书

注册商标申请书是办理商标申请的基础文件，需要列明以下事项。

（1）列明当事人的基本情况，自然人申请的姓名应与身份证一致，法人或其他组织申请的，申请人名称、章戳应与核准登记的名称一致。共同申请商标的，应当在若干申请人中指定一个代表人，方便商标审查人员与申请人联系。

（2）按照商品分类表提出申请。我国现行商标法律制度采用按类申请注册原则，[③] 但一个商标可同时申请注册多个类别。在一个

---

① 冯术杰：《商标注册条件若干问题研究》，知识产权出版社 2016 年版，第 47 页。

② 《商标法》第 15 条规定："未经授权，代理人或者代表人以自己的名义将被代理人或者被代表人的商标进行注册，被代理人或者被代表人提出异议的，不予注册并禁止使用。"

③ 自 1993 年 7 月 1 日起我国开始采用《关于商标注册商品和服务国际分类的尼斯协定》所建立的《商品和服务分类表》，目前使用的尼斯分类第十版，一共 45 类，其中商品 34 类、服务 11 类。

商品分类中含有若干商品，在指定商品时填写的商品名称应是通用名称，应为《商品和服务分类表》中列明的商品和服务名称；如果商品或服务未列入《商品和服务分类表》的，应当附送对该商品或服务的说明。

（3）按照规定格式填写申请书。商标申请文件应当打印或印刷；商标为外文或者含有外文要素的，应当附中文含义。

2. 商标图样

申请人应提交商标图样 5 份，图样的长和宽在 5 厘米到 10 厘米之间。对于指定颜色的彩色商标，交着色图样 5 份，附黑白墨稿 1 份。

对于申请三维标志商标的，应声明不属于商标法限制注册的情形，并提交能够确定三维形状的图样 5 份。

3. 证明文件

根据申请商标及适用商品不同，商标申请人应按照规定提供证明文件。

（1）国家规定限制或许可经营的商品或服务，应提供相应的许可文件。①

（2）提交申请人的身份证明，自然人申请提供身份证复印件，法人申请提供营业执照复印件。

（3）办理集体商标、证明商标注册的，应提交申请人主体资格证明文件及商标使用管理规则。

（4）要求优先权的应当在提出商标注册申请时提出书面证明，并在 3 个月内提交有关证明文件及证据，否则视为未要求优先权。

（5）用人物肖像作为商标注册的，应提供肖像权人许可其使用作为商标注册的公证书。

（6）申请人委托商标代理机构的，应交送代理人委托书 1 份，列明委托内容及权限。

---

① 如申请人用药品、医用营养品等的商标注册，应提交省级卫生厅颁发的药品生产企业许可证；申请烟草商标注册，应附国家烟草主管机关颁发的生产许可证。

（三）缴纳费用

按照相关规定缴纳商标申请注册费用。

1. 另行注册

已注册的商标，在同一类其他未指定的商品上使用，须另行注册。①

2. 重新注册

如已注册的商标，在使用中发现标识本身需要改变，商标权人不能擅自改变标识，必须将拟采用的新标识重新注册。

3. 变更注册

商标标识和核定商品都不发生变化，商标注册人若干事项发生变化，则属于变更注册的情形。变更注册主要是因为商标权转让、商标权人本身信息变更等引起的，也可能基于商标权人死亡、法院执行质押等原因发生转移，不管是主动的变更还是基于法定事由的转移，若注册人名义、地址、其他事项的变更，都需要到商标局办理变更注册手续。

第二节　商标注册的审查和核准

商标权取得需要商标主管机关对商标申请进行审查，审查申请注册的商标是否有禁止注册的情形等，在商标审查程序中，有的国家采取了全面审查的原则，有的国家采取了部分审查的原则。所谓全面审查，是指注册审查机关不但要依职权对驳回注册申请的绝对事由进行审查，而且要依职权对驳回注册申请的相对事由进行审查

---

① 《商标法》第23条规定："注册商标需要在核定使用范围之外的商品上取得商标专用权的，应当另行提出注册申请。"现在注册商标时每一个类别下面，可以免费选择10个商品小类进行保护，超过10个小类要额外收费。因此，建议在某一类上申请商标注册时，将以后可能生产、销售的商品一并指定。

并作出审查决定。① 部分审查原则是指，注册审查机关在商标注册申请审查程序中仅仅依职权对驳回注册申请的绝对事由进行审查，并不对驳回注册申请的相对事由进行审查，这种审查原则也被称为不审查原则。这两种审查原则之间的区别就在于商标注册程序中注册审查机关是否对相对事由进行主动审查。世界上采用全面审查原则和部分审查原则的国家都很多，例如，美国、日本和澳大利亚都采取了全面审查原则，而欧盟、法国和德国等都采用了部分审查原则。英国和西班牙在审查原则上由原来的全面审查原则转变为部分审查原则。我国对商标一直采用全面审查原则，既进行形式审查，也进行实质审查。②

一、形式审查

商标管理机关通过对商标申请案进行形式审查，对申请人主体资格及信息是否齐备、申请书格式及内容是否符合要求、是否按照要求提供了商标图样及证明文件进行形式审查。商标局的形式审查有以下三种结果。

（一）受理商标申请

确定申请日和申请号。《商标法实施条例》规定，商标注册申请的日期以商标局收到申请文件日期为准，通过审查商标申请文件齐备，申请文件完全符合要求的，编订申请号，办理商标申请受理通知书。

（二）申请的补正

通过审查商标申请文件，发现申请文件基本齐备、申请书格式及内容基本符合要求，但需要修改或完善的，通知申请人补正。申请人按照要求的期限和补正要求完成申请文件的修改，并交回商标

---

① 张玉敏：《商标注册与确权程序改革研究》，知识产权出版社 2016 年版，第77 页。

② 刘春田主编：《知识产权法》，中国人民大学出版社 2014 年版，第 273 页。

局的，保留申请日。

（三）申请的退回

通过形式审查发现申请手续不全或者申请书不符合要求的，予以退回，申请日期不予保留。对于要求补正而未做补正或补正超过期限的，也予以退回，不保留申请日。

二、实质审查

商标的实质审查是针对审查注册的商标是否符合商标构成条件进行全面审查，包括对商标是否属于禁止注册的情形，是否由法定要素构成，是否具有显著性，是否用了商品通用名称或误导消费者的要素，是否有违反公序良俗的情形，是否与他人在同一类或相似商品上注册的商标相同或相似，是否与他人申请在先的商标或撤销、失效不满一年的注册商标相同或相似，是否与他人在先权利相冲突等。商标的实质审查是决定商标申请能否被核准的关键，一般审查的结果分为三种。

（1）初步审定、予以公告。商标局经过实质审查，申请注册的商标完全符合商标法的有关规定，作出"初步审定、予以公告"的裁定。

（2）限定时间修正。商标局经过实质审查，认为申请注册的商标虽有一些不符合商标法规定情形，但非实质性问题、可以修订，将审查意见发给申请人，限定时间修订，申请人修订后复核商标法的所有规定，裁定初步审定、予以公告。

（3）驳回申请。商标局经过实质审查，认为申请注册商标不符合商标法及实施条例的规定，申请人在商标局规定时间内未作修正或修正后仍不符合要求，均裁定驳回申请，给申请人发驳回通知书。对驳回申请、不予公告的商标，商标局应当书面通知商标注册申请人。商标注册申请人不服的，可以自收到通知之日起 15 日内向商标评审委员会申请复审。商标评审委员会应当自收到申请之日起 9 个月内作出决定，并书面通知申请人。有特殊情况需要延长的，经国务院工商行政管理部门批准，可以延长 3 个月。当事人对商标评审委员会的决定不服的，可以自收到通知之日起 30 日内向人民法院起诉。

《商标法》对商标局的审查期限明确作出了规定，规定商标局应自收到商标注册申请文件之日起 9 个月内审查完毕。

三、初步审定和公告异议

商标局经过实质审查，申请注册的商标完全符合商标法的有关规定，裁定"初步审定、予以公告"。初步审定并公告的有商标号、申请日期、申请人、商标、商品或服务类别、指定商品或服务等。初步审定的商标不等于核准注册，商标申请人并未取得商标权，还要经过公告异议程序才能决定是否核准，异议期为 3 个月。

公告异议程序的目的是公开征集社会公众的意见，通过社会公众参与商标授权过程，监督商标局及时发现错误并纠正。因为在先的著作权并不登记，商标局无法查询，如果申请注册的商标侵犯他人在先的著作权、外观设计专利权，或者侵犯他人的姓名权、肖像权等，权利人可以提出异议、维护自己的合法权益，避免和减少商标注册后引发的纠纷。同时商标异议程序也要兼顾商标注册人权利的保护，防止他人恶意滥用异议权，故意拖延商标注册时间。《商标法》第 35 条规定，对初步审定公告的商标提出异议的，商标局应当听取异议人和被异议人陈述事实和理由，经调查核实后，自公告期满之日起 12 个月内作出是否准予注册的决定，并书面通知异议人和被异议人。有特殊情况需要延长的，经国务院工商行政管理部门批准，可以延长 6 个月。

四、核准注册

商标核准注册对商标申请人具有重要意义，核准注册意味着商标申请人依法获得了注册商标专用权，按照我国商标法规定，商标一经注册即受法律保护，不论该商标是否已经被使用。

商标局将核准注册的商标和核定使用的商品或服务，登记在商标注册簿上，向商标申请人颁发商标注册证书，商标注册证书是商标申请人取得商标权的合法凭证。

一般情况下商标权取得时间为核准注册之日；例外情况下，经裁定异议不能成立的，商标注册申请人取得商标专用权的时间自初步审定公告 3 个月期满之日起计算。

第三节　注册商标的期限和续展

一、注册商标的期限

《商标法》第 39 条规定注册商标有效期为 10 年，自核准注册之日起计算。

商标权保护的是标识性智力成果，用于区别商品或服务的来源，与其标识的商品或服务的品质没有绝对和必然的联系，为了鼓励商标权人保持连续性，虽然法律规定注册商标保护期限为 10 年，但到期后可以续展，只要商标权人依法办理注册商标续展手续，商标权就可以无期限延伸下去，因而事实上商标权是一种可以永久受到保护的权利。

二、注册商标的续展

注册商标续展指注册商标权人在法律规定的注册商标保护期限届满前后一定期限内，按照法律规定依法办理商标续展手续，延长注册商标保护期限的制度。《商标法》第 40 条规定："注册商标有效期满，需要继续使用的，商标注册人应当在期满前 12 个月内按照规定办理续展手续；在此期间未能办理的，可以给予 6 个月的宽展期。每次续展注册的有效期为 10 年，自该商标上一届有效期满次日起计算。期满未办理续展手续的，注销其注册商标。"续展注册商标应履行法定程序，并按规定缴纳费用。

第十六章　商标权的内容与限制

第一节　商标权的内容概述

一、商标权的概念

商标权是法律赋予商标所有人对其商标进行支配使用、排除和禁止他人使用相同或相似商标的权利。广义的商标权包括注册商标和未注册商标，前文中已讲述我国商标法以保护注册商标为原则，保护未注册商标为例外，仅对未注册的驰名商标和经过使用有一定影响的未注册商标予以保护；狭义的商标权指注册商标所有人享有的权利。

二、商标权的含义

我国商标法没有采用"商标权"这一概念，《商标法》第七章标题为"注册商标专用权的保护"，商标专用权是指注册人对其注册商标在核定使用的商品或服务上享有的专用权，即在一定范围内排斥他人使用的权利。商标专用权意味着只有权利人能够在特定范围对其注册商标享有完全独占使用的权利。[①] 商标专用权是一种法定权利，区分了注册商标和未注册商标的法律地位，从区分的角度

---

　　① 刘春田主编，《知识产权法学》编写组著：《知识产权法学》，高等教育出版社 2019 年版，第 197 页。

来说，商标专用权就是商标权。① 商标专用权具有以下几个特征：

（1）商标专用权只在特定的范围——核定使用的商品与核准注册的商标内有效，如欲在未核定的商品上使用，应另行申请；若想变更注册商标标识，则需要重新申请注册。《商标法》第 49 条第 1 款规定："商标注册人在使用注册商标的过程中，自行改变注册商标、注册人名义、地址或者其他注册事项的，由地方工商行政管理部门责令限期改正；期满不改正的，由商标局撤销其注册商标。"之所以限制商标权人的专用权，因为商标权人并不因为商标通过注册而对构成商标的标识享有权利。如果该标识是商标权人有独创性的设计且符合《著作权法》保护美术作品的条件，商标权人可以作为著作权人对这个标识享有著作权；如果商标权人用作商标的三维标识符合外观设计专利授权的条件，商标权人可以作为专利申请人通过申请取得外观设计专利权，否则商标权人只有在"法定范围"内使用这个标识的权利，这个法定的范围就是在核定使用的商品上，使用核准注册的商标。

（2）专用权是商标权的核心内容，是商标权人最基本最重要的权利，是申请商标注册的根本原因。商标权人向商标局申请获得注册商标的目的就是将其作为标识用于提供的商品或服务上，这是商标权的核心。实践中，由于商标法没有明示商标注册申请应该以商标使用为目的，存在一些商标注册人，不是基于专有使用的目的，而是以商标权转让获得利益为目的注册商标。在商标审查和相应的司法实践中，对于明显的不具有真实使用目的的商标囤积和商标抢注行为，裁判者只能从商标法中寻找是否违反了相关可以撤销或无效的规定，如申请人的行为是否构成了《商标法》第 32 条的规定"申请商标注册不得损害他人现有的在先权利，也不得以不正当手段抢先注册他人已经使用并有一定影响的商标"来进行处理。

（3）商标权人对注册商标的使用，既是权利也是义务。《商标

---

① 吴汉东主编：《知识产权法》，中国政法大学出版社 1999 年版，第 264 页。

法》第 49 条第 2 款规定："注册商标成为其核定使用的商品的通用名称或者没有正当理由连续 3 年不使用的，任何单位或者个人可以向商标局申请撤销该注册商标。商标局应当自收到申请之日起 9 个月内作出决定。有特殊情况需要延长的，经国务院工商行政管理部门批准，可以延长 3 个月。"

三、禁止权

商标的禁止权，是注册商标的权利受到法律保护的范围，商标权人禁止他人在相同或者相似的商品上使用与其注册商标相同或相似的商标。禁止权和专用权是商标权人重要的支配权，也是行使商标转让和许可的基础权利，但二者又有区别。

区别在于两者之间有着不同的效力范围。专用权涉及的是注册人使用注册商标的问题，禁止权涉及的是对抗他人未经其许可擅自使用注册商标的问题。《商标法》规定，注册人的专用权以核准的注册商标和核定使用的商品为限。这就是说，注册人行使专用权受到两个方面的限制：第一，只限于商标主管机关核定使用的商品，而不能用于其他类似的商品；第二，只限于商标主管机关核准注册的文字、图形，而不能超出核准范围使用近似的文字、图形。但是，禁止权的效力范围则不同，注册人对他人未经许可在同一种商品或类似商品上使用与其注册商标相同或近似的商标，均享有禁止权。这就是说，禁止权的效力涉及以下四种情形：第一，在同一种商品上使用相同商标；第二，在同一种商品上使用近似商标；第三，在类似商品上使用相同商标；第四，在类似商品上使用近似商标。

与专用权比较，禁止权有更宽的效力范围，其目的是防止消费者对商品或服务来源产生混淆。对于将相同的商标用于相同商品或服务，非常容易判断；但对于将相似的商标用于相似的商品或服务的判断，比较复杂且有一定弹性。

四、转让权

转让权是指注册商标所有人将其所有的注册商标的专用权，依照法定程序转移给他人的权利。商标的价值来自商标背后所承载的商誉，消费者会基于曾经购买过某一品牌商品的经历，来决定是否继续选择该品牌的商品。

我国商标法采用自由转让原则，但出于对消费者保护的考虑，对商标转让的形式有明确要求，同时对转让注册商标有一定的限制。

（一）转让形式

转让人和受让人应当签订转让协议，并共同向商标局提出申请。转让注册商标的，转让人和受让人应当向商标局提交转让注册商标申请书。转让注册商标申请手续由受让人办理。商标局核准转让注册商标申请后，发给受让人相应证明，并予以公告。

（二）转让限制

（1）类似商品使用同一注册商标的不得分割转让。根据《商标法实施细则》的规定，转让注册商标的，商标注册人对其在同一种或者类似商品上注册的相同或者近似的商标，应当一并转让；未一并转让的，由商标局通知其限期改正；期满不改正的，视为放弃转让该注册商标的申请，商标局应当书面通知申请人。

（2）已经许可他人使用的商标不得随意转让。只有在征求被许可人同意的情况下才可以。

（3）几种特殊商标不得转让，如集体商标、证明商标不得转让，联合商标不得分开转让。

（4）共同所有的商标，任何一个共有人或部分共有人不得私自转让。

注册商标专用权因转让以外的其他事由发生移转的，接受该注册商标专用权移转的当事人应当凭有关证明文件或者法律文书到商标局办理注册商标专用权移转手续。注册商标专用权移转的，注册商标专用权人在同一种或者类似商品上注册的相同或者近似的商标，也应当一并移转；未一并移转的，由商标局通知其限期改正；期满不改正的，视为放弃该移转注册商标的申请，商标局应当书面通知申请人。

五、使用许可权

使用许可权是指注册商标所有人通过订立许可使用合同，许可他人在一定期限、区域内以约定方式使用其注册商标的权利。商标的使用许可与转让都是商标权允许他人使用其注册商标的行为，二者的不同在于商标权转让发生权利主体的变更，商标权许可未发生商标权主体的变更，被许可人取得了一定期限、一定区域内商标的使用权。商标许可是比商标权转让更为常见的行为，一般通过订立商标权许可合同来规范许可人和被许可人的权利义务。

（一）许可合同种类

《商标法》中并未明确划分商标许可使用类型，但2002年出台的《最高人民法院关于审理商标民事纠纷案件适用法律若干问题的解释》对商标许可使用类型进行了明确的划分。其第3条规定："商标法第四十三条规定的商标使用许可包括以下三类：（一）独占使用许可，是指商标注册人在约定的期间、地域和以约定的方式，将该注册商标仅许可一个被许可人使用，商标注册人依约定不得使用该注册商标；（二）排他使用许可，是指商标注册人在约定的期间、地域和以约定的方式，将该注册商标仅许可一个被许可人使用，商标注册人依约定可以使用该注册商标但不得另行许可他人使用该注册商标；（三）普通使用许可，是指商标注册人在约定的期间、地域和以约定的方式，许可他人使用其注册商标，并可自行使用该注册商标和许可他人使用其注册商标。"

（二）许可合同的主要内容

商标许可合同的主要内容有双方的主体资格，被许可商标的基本情况，许可使用的期限、地域和权利类型，商标许可使用费及支付方式、违约责任及争议解决方法等。商标权使用许可合同受合同法律法规的调整，从合同的成立、生效、履行及违约责任等方面都适用《民法典》的有关规定，许可合同中双方的合同义务有一定的特殊性。

商标许可人有义务保持注册商标的有效性，商标到期要及时续展，不得在商标权许可合同期限内转让注册商标权。同时要维护被许可人的合法使用权，当第三人侵犯注册商标专有权时，许可人应及时采取有效措施予以制止。

商标被许可人未经许可人的书面授权，不得将商标使用权转移给第三人；如被许可使用的商标被他人侵权，被许可人应协助许可人查明事实；特别注意被许可人有质量保证及标明义务，保证使用许可人注册商标的商品的质量，维护商标信誉，并在其商品或包装上注明商品产地和被许可人的名称，这不仅关乎商标许可合同双方当事人的权利义务，也关乎消费者的知情权。

（三）许可合同的形式要求

商标权人许可他人使用注册商标，应当通过签订书面许可合同，并且要履行商标使用许可合同的备案程序。《商标法》第 43 条第 3 款规定："许可他人使用其注册商标的，许可人应当将其商标使用许可报商标局备案，由商标局公告。商标使用许可未经备案不得对抗善意第三人。"

第二节　商标权的限制

一、商标权限制的含义

商标权的限制分为广义的限制与狭义的限制。广义的商标权限制是指对商标权人所享有的以商标专用权和禁止权及派生的续展权、转让权、许可使用权等有关注册商标权所做的限制。包括地域限制、时间限制以及对注册商标使用范围、转让和许可等各方面的限制性规定，实质上包含了注册商标权人的义务。[1] 狭义的商标权限制是指为了平衡商标权人与社会公众之间的利益，对商标权行使和保护作出的必要限制。[2] 即在某些特定情况下，他人未经许可使用与商标权人的注册商标相同或相似的标记不视为商标侵权。[3]

二、商标权限制的分类

（一）商标权行使的限制

商标权行使的限制包括积极权能行使的限制和消极权能行使的限制。积极权能的行使即专用权的行使，专用权行使要符合法律规定，在核定的商品或服务上使用其注册的商标；而消极权能行使的限制，主要体现为侵权的例外，即他人对商标权人提起的侵权诉讼可以提出抗辩。

（二）商标权取得的限制

根据权利限制的切入时点不同，可将商标权限制区分为商标权取得的限制和商标权行使的限制。[4] 从商标权取得的主体资格、客体条件和权利内容三个方面分析商标权取得的法定限制问题。首先，在商标权取得的主体资格方面应当限制申请商标注册的主体资格来规制恶意抢注问题；其次，从商标本身来看，商标注册应当符合可视性、显著性要求，不得违反法律法规的禁止性规定，并且不能侵犯他人在先权利，不得恶意抢注他人已使用但未注册的商标等；最后，从商标权的内容来看，商标专用权的行使应当受核定范围和类

[1] 吴汉东：《知识产权基本问题研究》，中国人民大学出版社 2005 年版，第 588 页。
[2] 冯晓青：《知识产权法利益平衡理论》，中国政法大学出版社 2006 年版，第 667 页。
[3] 王艳丽：《论商标权的限制》，载《科技与法律》2002 年第 1 期。
[4] 刘明江：《商标权效力及其限制研究》，知识产权出版社 2010 年版，第 147 页。

别所限。

《商标法》第 59 条第 1 款、第 2 款规定："注册商标中含有的本商品的通用名称、图形、型号，或者直接表示商品的质量、主要原料、功能、用途、重量、数量及其他特点，或者含有的地名，注册商标专用权人无权禁止他人正当使用。三维标志注册商标中含有的商品自身的性质产生的形状、为获得技术效果而需有的商品形状或者使商品具有实质性价值的形状，注册商标专用权人无权禁止他人正当使用。"这实际上是对商标权人的一种限制性规定，商标权人既然选择这些缺乏显著性或者显著性很低的标识作为商标注册，就不能对这类标识有垄断排他性的保护要求，商标权人对这些要素不能享有独占的专用权，也不能禁止他人的正当合理使用。

三、在先使用权

商标权人取得注册商标专用权，不能排除他人在原有范围内对在先使用商标的继续使用。

《商标法》第 59 条第 3 款规定："商标注册人申请商标注册前，他人已经在同一种商品或者类似商品上先于商标注册人使用与注册商标相同或者近似并有一定影响的商标的，注册商标专用权人无权禁止该使用人在原使用范围内继续使用该商标，但可以要求其附加适当区别标识。"

四、非商标法上的使用

《商标法》第 48 条规定："本法所称商标的使用，是指将商标用于商品、商品包装或者容器以及商品交易文书上，或者将商标用于广告宣传、展览以及其他商业活动中，用于识别商品来源的行为。"按照此条规定，将商标用于新闻报道或滑稽作品，不构成"商标法上的使用"，因而不构成商标侵权。

五、权利用尽

商标"权利用尽"是指标示有商标的合法商品在被有权主体合法售出之后，商标专用权主体在该特定商品上的商标专用权即告穷尽，受让人既有权使用该特定商品，也有权再次销售该特定商品，商标专用权人无权禁止他人继续使用其商标标志。商标"权利用尽"原则可以平衡商标专用权人的利益和商品所有权人的利益，在商品的市场流通领域和商标侵权判定中有重要意义。

"权利用尽"原则可以防止商标专用权人垄断、割裂标示商标的商品市场流通，造成市场流通环节的混乱，使商标专用权人获得其他不当利益。商标的基本功能是标示商品或服务的来源，显示其商品质量、商业信誉，获得消费者的认可，占领市场和获取商业价值。一般情况下，当标示商标的商品销售后，其基于商标价值预期获得的经济利益已经实现，只要后续销售方和使用方不实施损害商标标示价值和商标专用权人商誉的行为，即不构成对商标专用权的侵犯。在满足"商品合法来源于商标专用权利人，商标使用方式与市场通常做法或商业惯例相符，无主观侵权恶意且未损害商标专用权人的合法权益"的情形下，可以适用"商标专用权利用尽"。如在司法实践中，授权品牌经销商为显示其授权身份、宣传推广商标专用权人的商品而善意使用商标，未破坏商标的识别功能的，不构成侵犯商标专用权。

第十七章　商标权的保护

第一节　商标侵权行为概述

一、商标侵权行为概念

在商标权保护范围内，其他人未经商标权人许可、又不符合商标权限制的情形，在与商标权人核准使用的相同或相似商品或服务上、使用与注册商标相同或近似的标识，就构成商标侵权行为。

"相似商品"是指在功能、用途、销售渠道、消费对象等方面相同，或者相关公众一般认为存在特定联系、容易造成混淆的商品；《商标注册用商品和服务国际分类表》《类似商品和服务区分表》可作为判定类似商品或服务的参考，但不是最终依据。[①] 一般情况下，列在同一类的商品或服务属于相似商品或服务，个别不在同一分类的商品或服务也有可能构成相似商品或服务，其判断标准是相关公众在生活实践中是否会认为二者存在特定联系和一致性。

二、商标侵权行为认定的原则

对商标权的保护以避免他人提供的商品或服务与商标权人混淆为原则，核心在于防止消费者对商品或服务的来源产生混淆。

《商标法》在商标侵权认定中明确纳入了"容易导致混淆"的

[①] 最高人民法院《关于审理商标民事纠纷案件适用法律若干问题的解释》第11—12条。

条件，回归了商标权保护的本质和出发点。《商标法》第 57 条第 2 款规定，"未经商标注册人的许可，在同一种商品上使用与其注册商标近似的商标，或者在类似商品上使用与其注册商标相同或者近似的商标，容易导致混淆的"，属于侵犯注册商标专用权的行为。认定是否构成混淆的主观标准，是"相关公众"的一般认知，"相关公众"是指商标所标识的商品或服务的经营者、消费者等与商品或服务市场推广有密切关系的人。①"一般认知"是以普通消费者在购买商品或接受服务时的注意力为标准。

认定商标构成相似与否，是对被控侵权商标与商标权人的商标，在字形、读音和含义或者构图及颜色的整体相似性进行判断。

认定商标是否构成相似、引起混淆，需根据个案综合考虑物的价值、标识的显著性、标识的知名度等因素。首先，物品价格越昂贵，消费者的注意力就会越高。其次，还与标识本身的显著性有密切的联系，标识的"显著性"越强，对构成相似商标的认定应该越宽松；反之，商标构成要素显著性越低，对其相似性认定就应该越谨慎。最后，商标的知名度越高，越容易让消费者留下深刻印象，引起混淆的可能性就越大，因此对于知名度越高的商标，在认定构成相似的时候应越宽松。

第二节　商标侵权行为类型

一、非法"使用"他人注册商标

非法"使用"他人注册商标，即将他人商标标识于其生产的商品上。这种非法"使用"是最典型的商标侵权行为，直接侵犯了商

---

① 譬如对于汽车的标识，奔驰标识和江淮标识，在偏远山区不关注汽车的老人眼中这两个标识一定是构成相似的，但购买车辆的消费者不会混淆这两个品牌的车辆。

标权人的禁止权，且该侵权行为与其他商标侵权行为有密切关系。非法"使用"他人注册商标的行为分为两类，第一类是未经商标注册人的许可，在同一种商品上使用与其注册商标相同的商标的侵权行为；第二类是未经商标注册人的许可，在同一种商品上使用与其注册商标近似的商标，或者在类似商品上使用与其注册商标相同或者近似的商标，容易导致混淆的。该类商标侵权行为具体分为三种：（1）在相同商品上使用相似商标的行为；（2）在相似商品上使用相同商标的行为；（3）在相似商品上使用相似商标的行为。

二、非法"销售"行为

销售明知是假冒注册商标的商品，还可能构成刑事犯罪。需要注意的是，销售行为构成侵权的前提是其损害了商标的功能，也就是容易使消费者通过商标将商品与其提供者建立错误的联系。如果销售行为与商标的功能无关，则不可能导致混淆并被认定为侵权。[①]但在销售者完全不知其销售"假货"的情况下，让其承担严重的法律责任则有失公允，也违背因过错而承担侵权责任的基本原则。因此《商标法》第 64 条第 2 款规定："销售不知道是侵犯注册商标专用权的商品，能证明该商品是自己合法取得并说明提供者的，不承担赔偿责任。"

需要注意两点：第一，销售者需要证明该商品是自己合法取得并说明提供者，合法取得包括合法来源及合理价格。第二，这种不知情的销售行为仍然构成商标侵权，只是不需要承担赔偿责任，停止侵权的法律责任还是要承担的；如果在被告知所销售的是"假货"后，再行销售的部分就属于需要承担赔偿责任的商标侵权行为。

---

① 王迁：《知识产权法教程》（第七版），中国人民大学出版社 2021 年版，第 629 页。

三、非法"制造"或"销售"注册商标标识

非法"使用"商标侵权行为，具体表现为将他人的注册商标粘贴于自己生产的商品、商品包装或者容器上，以达到让消费者混淆商品提供者的目的。

商标法明确规定，伪造、擅自制造他人注册商标标识或销售伪造、擅自制造的注册商标标识的，属于商标侵权行为，应当承担相应的民事赔偿责任，情节严重的还要承担刑事责任。

非法"制造"或"销售"注册商标标识具体包括以下两种情形：未经商标权人许可擅自伪造、制造其注册商标标识，销售他人伪造、擅自制造的注册商标标识。虽然非法"制造"或"销售"注册商标标识获利数额不大，但社会危害性非常大，因此对此种行为主要通过加强商标印制管理来杜绝。我国对商标印制管理有一套严格完整的制度，商标印制单位必须依法登记，并且是经县级以上工商机关依法登记为"指定印制商标单位"的企业和个体工商户。商标印制单位在接受业务前，要认真查验委托人的资格，是不是合法的商标权人或商标权许可的人，委托印制的商标与商标权注册证书的商标是否一致，委托需要提供的生产许可等证明文件是否齐备；并对商标印制有关的事项进行登记备案。严格禁止商标标识擅自交易行为，对印刷过程中商标标识的数量要严格管理，不仅对合格品要严格管理，对印刷过程中的不合格品也要严格管理，废次品都要清点好数量进行销毁，销毁时最好规定要有两个以上的人共同销毁、核对、记录。

四、反向假冒行为

通常的商标侵权行为，是品牌知名度低的企业侵犯品牌知名度高的企业商标权。

反向假冒是品牌知名度高的企业侵犯品牌知名度较低企业的商标权，此种商标侵权行为是 2001 年修改《商标法》时增设的内容。

我国《商标法》认为，未经商标注册人同意，更换其注册商标并将该更换商标的商品又投入市场的，构成商标侵权行为，当然应该同时符合如下条件，（1）必须是未经注册商标人同意，在实践中存在自愿为知名品牌商品提供加工、承揽的品牌定制生产，即我们俗称的"代工"和"贴牌"，生产出的商品并未使用自己的商标，但因为这种经营关系基于双方自愿，不违反法律、行政法规的强制性规定，是合法有效的。（2）更换商标的行为发生在商品流通过程中，如果消费者购买后替换商标，则不属于此种侵权行为。

五、间接侵权行为

引诱他人实施直接侵权行为，或在知晓他人准备或正在实施直接侵权行为时提供实质性帮助，构成间接侵权，即通常所说的教唆侵权与帮助侵权。商标间接侵权行为以直接侵权行为为前提，且需要考虑行为人的主观过错。《商标法》第 57 条第（6）项规定的"故意为侵犯他人商标专用权行为提供便利条件，帮助他人实施侵犯商标专用权行为"的行为即属于间接侵权行为。主要是指在仓储、运输等过程给商标侵权人提供便利条件的行为，也包括帮助商标侵权人隐瞒侵权事实、藏匿侵权商品的行为。

需要注意，只有行为人"故意"时才构成侵权，即行为人明知他人正在实施侵犯商标权的行为，仍然为其提供仓储、运输等服务，则构成商标侵权行为。

六、其他侵权行为

《商标法》第 57 条设定了兜底条款，除上述几种比较常见的商标侵权行为外，凡是对他人注册商标专用权造成损害的行为，都构成商标侵权行为。实务中主要包括将商标用作其他商业标志使用、企业名称侵犯商标权、域名侵犯商标权等行为。

第三节 商标侵权的法律责任

因侵犯注册商标专用权行为引起纠纷，主要的救济手段除当事人协商解决外，商标注册人或者利害关系人可以向人民法院起诉，也可以请求工商行政管理部门处理。未经商标注册人许可，在同一种商品上使用与其注册商标相同的商标，构成犯罪的，除赔偿被侵权人的损失外，依法追究刑事责任。因此，商标侵权引起的法律责任主要有行政责任、民事责任，甚至是刑事责任。商标权人可以通过向法院提起民事诉讼请求损害赔偿、向工商局等行政机关请求行政处罚、向公安机关提供侵权线索追究侵权人刑事责任等多种方式维护自己的合法权益。

一、民事责任

商标侵权的民事责任是指商标侵权行为人对其实施的违反商标法律法规的行为所应承担的民事责任，主要体现为民事赔偿责任。根据《商标法》及其《实施条例》、《民法典》的相关规定，承担民事责任的主要形式为：（1）停止侵害；（2）赔偿损失；（3）消除影响，恢复名誉；（4）赔礼道歉等。

（一）商标侵权的赔偿责任

《商标法》第 63 条第 1 款规定："侵犯商标专用权的赔偿数额，按照权利人因被侵权所受到的实际损失确定；实际损失难以确定的，可以按照侵权人因侵权所获得的利益确定；权利人的损失或者侵权人获得的利益难以确定的，参照该商标许可使用费的倍数合理确定。对恶意侵犯商标专用权，情节严重的，可以在按照上述方法确定数额的 1 倍以上 5 倍以下确定赔偿数额。赔偿数额应当包括权利人为制止侵权行为所支付的合理开支。"明确规定了对恶意侵犯商标权的惩罚性赔偿，规定对情节严重的恶意侵犯商标专用权，可以在法律规定的方法确定数额的 1 倍以上 5 倍以下确定赔偿数额。同时提高了法院依法酌定赔偿数额的上限，从原来的 50 万元提至现在的 500 万元。

（二）商标侵权民事诉讼的举证责任分配

《商标法》第 63 条第 2 款规定："人民法院为确定赔偿数额，在权利人已经尽力举证，而与侵权行为相关的账簿、资料主要由侵权人掌握的情况下，可以责令侵权人提供与侵权行为相关的账簿、资料；侵权人不提供或者提供虚假的账簿、资料的，人民法院可以参考权利人的主张和提供的证据判定赔偿数额。"这一规定极大地减轻了权利人的举证责任，加强了商标权保护的力度。

（三）明确规定"善意"侵权承担停止侵权的责任

所谓"善意"侵权，指销售不知道是侵犯注册商标专用权的商品，能证明该商品是自己合法取得并说明提供者的，按照《商标法》规定，销售者不承担赔偿责任。《商标法》第 60 条第 2 款明确规定："销售不知道是侵犯注册商标专用权的商品，能证明该商品是自己合法取得并说明提供者的，由工商行政管理部门责令停止销售。"

二、行政责任

商标侵权的行政责任是指商标侵权行为人对其实施的违反商标法律法规的行为所应承担的行政处罚和行政强制责任。根据《商标法》及其《实施条例》的相关规定，行政处罚的种类和手段主要有：（1）罚款；（2）责令违法行为人限期改正；（3）责令立即停止侵权行为；（4）没收、销毁侵权商品和专用工具，收缴或销毁商标标识或侵权物品，销毁伪造注册商标标识的工具；（5）查封、扣押侵权物品。对于违法经营额五万元以上的，可以处违法经营额五倍以下的罚款，没有违法经营额或者违法经营额不足五万元的，可以处二十五万元以下的罚款。对五年内实施两次以上商标侵权行为或者有其他严重情节的，应当从重处罚。通过行政保护方式维护商标权人的合法权益，比民事诉讼方式具有效率性。民事诉讼是两审终审原则，一审审限为 6 个月，二审审限为 3 个月，加上一审和二审之间的移送时间，一般情况下要超过一年的时间方能结案。相比之下，行政保护具有明显的优势。

（一）行政查处程序

工商行政管理机关既可依商标权人的申请对商标侵权行为进行处置，也可以依职权处理在检查中发现的商标侵权行为。其他公民也有权利向工商行政管理机关检举商标侵权行为，工商行政机关只要核实有商标侵权行为，都可以依法处置。这与民事诉讼只能由与案件有直接利害关系的公民、法人和其他组织作为原告提起诉讼，有明显不同。

《商标法》第 62 条规定："县级以上工商行政管理部门根据已经取得的违法嫌疑证据或者举报，对涉嫌侵犯他人注册商标专用权的行为进行查处时，可以行使下列职权：（一）询问有关当事人，调查与侵犯他人注册商标专用权有关的情况；（二）查阅、复制当事人与侵权活动有关的合同、发票、账簿以及其他有关资料；（三）对当事人涉嫌从事侵犯他人注册商标专用权活动的场所实施现场检查；（四）检查与侵权活动有关的物品；对有证据证明是侵犯他人注册商标专用权的物品，可以查封或者扣押。工商行政管理部门依法行使前款规定的职权时，当事人应当予以协助、配合，不得拒绝、阻挠。"

（二）行政执法措施

工商行政管理部门在查处商标侵权行为并认定后，可以依法采取多种执法措施，及时有效地维护商标权人的合法权益。工商行政管理机关可以采取的行政执法措施有责令停止侵权、销毁侵权制品及工具、处以行政罚款、没收非法所得等，这些措施对快速制止商标侵权非常有效。

《商标法》第 60 条第 2 款的规定，工商行政管理部门处理时，认定侵权行为成立的，责令立即停止侵权行为，没收、销毁侵权商品和主要用于制造侵权商品、伪造注册商标标识的工具，违法经营额五万元以上的，可以处违法经营额五倍以下的罚款，没有违法经营额或者违法经营额不足 5 万元的，可以处 25 万元以下的罚款。对五年内实施两次以上商标侵权行为或者有其他严重情节的，应当从重处罚。销售不知道是侵犯注册商标专用权的商品，能证明该商品是自己合法取得并说明提供者的，由工商行政管理部门责令停止销售。

工商行政管理机关只可以对侵犯商标权的赔偿数额组织调解，不能决定赔偿数额。

（三）与民事保护及刑事保护的关系

1. 与民事保护的关系

商标权行政保护不仅可以打击商标侵权行为，还可以固定商标侵权证据，为商标权人通过民事诉讼维护合法权益创造条件。在行政机关查处商标侵权行为时，对侵犯商标专用权的赔偿数额的争议，当事人可以请求进行处理的工商行政管理部门调解，也可以依照《中华人民共和国民事诉讼法》向人民法院起诉。经工商行政管理部门调解，当事人未达成协议或者调解书生效后不履行的，当事人可以向人民法院起诉。

2. 与刑事保护的关系

工商行政机关在行政处理过程中，如果发现商标侵权行为已经构成犯罪，移送司法机关追究侵权人的刑事责任。《商标法》第 61 条规定："对侵犯注册商标专用权的行为，工商行政管理部门有权依法查处；涉嫌犯罪的，应当及时移送司法机关依法处理。"

三、刑事责任

未经商标注册人许可，在同一种商品上使用与其注册商标相同的商标，构成犯罪的，应承担商标侵权的刑事责任。根据《商标法》商标侵权应承担刑事责任的情形有以下两种：（1）伪造、擅自制造他人注册商标标识或者销售伪造、擅自制造的注册商标标识，构成犯罪的；（2）销售明知是假冒注册商标的商品，构成犯罪的。

（一）承担刑事责任的商标侵权行为

按照《商标法》第 67 条和《刑法》第 213—215 条的规定，侵犯注册商标专用权构成犯罪的有：假冒注册商标罪，销售假冒注册商标的商品罪，非法制造、销售注册商标标识罪。与承担民事责任和行政责任相比较，法律对承担刑事责任的情形做了明确的界定和限缩。

《商标法》第 67 条规定："未经商标注册人许可，在同一种商品上使用与其注册商标相同的商标，构成犯罪的，除赔偿被侵权人的损失外，依法追究刑事责任。伪造、擅自制造他人注册商标标识或者销售伪造、擅自制造的注册商标标识，构成犯罪的，除赔偿被侵权人的损失外，依法追究刑事责任。销售明知是假冒注册商标的商品，构成犯罪的，除赔偿被侵权人的损失外，依法追究刑事责任。"

（二）侵犯注册商标罪的刑罚尺度

根据《刑法》第 213—215 条的规定，构成侵犯注册商标罪的，处 3 年以下有期徒刑或拘役，并处或单处罚金；情节特别严重或者销售金额巨大的，处 3 年以上 7 年以下有期徒刑，并处罚金。单位犯罪的，对单位处罚金，并对直接负责的主管人员和其他直接责任人员，依照前述规定处以刑罚。

第十八章　驰名商标的认定及保护

第一节　驰名商标的概念

2013年《商标法》第13条规定："为相关公众所熟知的商标，持有人认为其权利受到侵害时，可以依照本法规定请求驰名商标保护。"取消了原来驰名商标必须"在中国"为相关公众所知晓的地域限制，已经达到国际社会对驰名商标的一贯理解。商标是否驰名与注册没有直接关系，也不是特定的商标种类，任何商标都有可能成为驰名商标。商标是否驰名是动态的，一个不够驰名的商标经过使用获得了市场相关公众广泛知晓就成为驰名商标；一个已经驰名的商标，如果之后商标权人不再继续使用该商标，也会使得相关公众对商标的认知降低而不符合驰名商标的条件。

第二节　驰名商标的认定

一、驰名商标的认定标准

根据《商标法》第14条的规定，认定驰名商标应考虑下列因素：（1）相关公众对该商标的知晓程度；（2）该商标使用的持续时间；（3）该商标的任何宣传工作的持续时间、程度和地理范围；（4）该商标作为驰名商标受保护的记录；（5）该商标驰名的其他因素。

证明相关公众对商标的知晓程度比较难以量化，一般可以通过社会调查方式取得一个数据，对于样本的采集标准、数量、代表性等方面都要注意。证明该商标使用的持续时间的材料，包括证明商标使用权注册的时间、用于商品包装上开始使用的时间等资料。证明商标的任何宣传工作的持续时间、程度和地理范围的资料，比较重要且容易提供，包括广告宣传的方式、媒体种类、宣传频率和地域范围等，需要提供宣传的合同、电视媒体的视频、平面媒体的报纸及杂志原件。证明该商标作为驰名商标受保护的记录，是指曾在中国或其他国家被司法机关认定为驰名商标进行保护的记录。该商标驰名的其他因素，包括使用该商标商品的销售范围、销售量、在同行业中的排名等有关资料。

商标局、商标评审委员会及司法机关在认定驰名商标时，应当综合考虑《商标法》第14条规定的各项因素，但不以该商标必须满足该条规定的全部因素为前提。有些商标使用时间很短，但在一夜驰名的情形下，也可被认定为驰名商标。

二、驰名商标的认定方式

《驰名商标认定和保护规定》第4条规定，是否需要进行驰名商标认定，应当遵循个案认定、被动保护原则。

个案认定原则是指，商标持有人认为其权利受到侵害时，可以依照《商标法》的规定请求驰名商标保护，驰名商标的认定应作为商标案件需要认定的事实进行判定。换言之，案件中认定的驰名商标仅对法院审理的该案件有效，对其他案件不会产生法律效力。因此，在商标侵权民事诉讼案件中，原告应证明其商标在侵权行为发生时为驰名商标，因为同一商标在不同案件中是否被认定为驰名商标会受不同涉案行为、不同时间点的影响。被动保护原则是指，在案件中是否对驰名商标进行认定，需要先由当事人提出申请，再由法院根据案件具体情况进行判定。这意味着法院不能依职权主动启动驰名商标的认定程序，只有在当事人提出认定驰名商标的请求后，法院根据审理案件的需要，才对商标驰名情况作出认定。

被动保护原则可有效避免驰名商标保护的界限被不当逾越，也有利于增强当事人对知识产权的保护意识。对驰名商标认定的方式包括主动认定与被动认定。所谓主动认定指尚未发生商标侵权纠纷的情况下，有关行政部门主动对商标是否驰名进行认定。被动认定是在商标确权或侵权纠纷案件中，当事人主张其商标驰名的，提交相应证据，交由商标主管机关或法院在个案中进行判断。

（一）工商行政管理部门认定

在审查、查处商标违法案件过程中，遇到侵权人涉嫌在不相同或不相似的商品上使用与注册商标相同或相似的标识，或者在企业名称、域名上使用注册商标标识，按照普通商标认定的话不构成侵权，商标权人主张其商标构成驰名商标，工商行政管理部门可以对商标是否驰名作出认定，其依据是《商标法》第14条第3款的规定："在商标注册审查、工商行政管理部门查处商标违法案件过程中，当事人依照本法第13条规定主张权利的，商标局根据审查、处理案件的需要，可以对商标驰名情况作出认定。"

（二）商标评审委员会认定

商标评审委员会在商标争议处理过程中，遇到他人在不相同或不相似的商品上申请注册与商标权人相同或相似的商标，依照商标按类保护的原则，可以核准注册。商标权人主张自己的注册商品构成驰名商标、可以对抗他人在不相同或不相似的商品上注册，商标评审委员会依照当事人的申请、并根据处理案件的需要，可以对商标驰名情况作出认定。其依据是《商标法》第14条第4款的规定："在商标争议处理过程中，当事人依照本法第13条规定主张权利的，商标评审委员会根据处理案件的需要，可以对商标驰名情况作出认定。"

（三）司法机关认定

在审理商标侵权案件过程中，遇到被控侵权人在不相同或不相似的商品上使用与其注册商标相同或相似的标识，或者在企业名称、域名上使用注册商标标识，按照普通商标进行侵权认定的话不构成侵权，商标权人主张其商标构成驰名商标，人民法院可在个案中根据具体情况予以认定。其依据是《商标法》第 14 条第 5 款的规定："在商标民事、行政案件审理过程中，当事人依照本法第 13 条主张权利的，最高人民法院指定的人民法院根据审理案件的需要，可以对商标驰名情况作出认定。"

三、驰名商标认定案件的管辖

最高人民法院发布的《关于涉及驰名商标认定的民事纠纷案件管辖问题的通知》规定，涉及驰名商标认定的民事纠纷案件，由省、自治区人民政府所在地的市、计划单列市中级人民法院，以及直辖市辖区内的中级人民法院管辖。《最高人民法院关于北京、上海、广州知识产权法院案件管辖的规定》第 1 条明确，知识产权法院管辖所在市辖区内的涉及驰名商标认定的一审民事案件。由此，驰名商标的认定进入由专门成立的知识产权法院管辖的案件范畴。

第三节　驰名商标的法律保护

一、对注册的驰名商标扩大保护范围

（一）对驰名商标的跨类保护

1. 拒绝注册或撤销注册

一般注册商标的保护范围是按类保护，禁止他人未经商标注册人的许可，在同一种商品上使用与其注册商标相同的商标的；在同一种商品上使用与其注册商标近似的商标，或者在类似商品上使用与其注册商标相同或者近似的商标。

对驰名商标扩大保护到不相同或不相似的商品上，不允许他人在不相同或不相似的商品上使用与驰名商标相同或相似的标识。在商标申请注册的过程中，商标局应拒绝这类商标核准注册；如果已经核准注册，驰名商标权人可以申请撤销商标注册。

2. 禁止作为商标使用

不仅这类商标不能被核准注册，也不允许他人在不相同或不相似的商品上，使用与驰名商标相同或相似的商标。《商标法》第 13 条第 3 款规定："就不相同或者不相类似商品申请注册的商标是复制、摹仿或者翻译他人已经在中国注册的驰名商标，误导公众，致使该驰名商标注册人的利益可能受到损害的，不予注册并禁止使用。"

3. 特别期限的排他权

按照《商标法》的规定，对已经注册的商标，自商标注册之日起 5 年内，在先权利人或者利害关系人可以请求商标评审委员会宣告该注册商标无效。这个 5 年的期限是对一般注册商标而言，对驰名商标法律予以特别期限的排他权，《商标法》第 45 条规定："已经注册的商标，违反本法第 13 条第 2 款和第 3 款、第 15 条、第 16 条第 1 款、第 30 条、第 31 条、第 32 条规定的，自商标注册之日起 5 年内，在先权利人或者利害关系人可以请求商标评审委员会宣告该注册商标无效。对恶意注册的，驰名商标所有人不受 5 年的时间限制。"

（二）驰名商标的保护延伸到其他商业标志

对驰名商标的保护，还延伸到商标以外的其他商业标识，目前法律明确规定驰名商标保护延伸到对企业名称，司法实践中已经延伸到域名。

1. 禁止作为企业名称使用

在企业名称中出现驰名商标，会让消费者误认为该企业与商标权人有一定的关联关系，因此驰名商标权人有权请求禁止他人将与自己相同或相似的商标或近似的文字，作为企业名称商号使用。2013 年《商标法》第 58 条规定："将他人注册商标、未注册的驰名商标作为企业名称中的字号使用，误导公众，构成不正当竞争行为的，依照《中华人民共和国反不正当竞争法》处理。"

2. 禁止作为域名注册

将驰名商标的特殊保护延伸到网络中反映了驰名商标制度的发展趋势，也是维护经营秩序、保护消费者权益和诚实信用原则的要求，但域名与驰名商标的冲突问题比较复杂，同一文字商标有多个驰名商标权人，譬如"长城"；不同文字相同读音的商标，对应的域名是一样，因此不能简单、无条件地将驰名商标保护延伸到域名，而应在个案中具体分析域名注册和使用的真实意图、是否会引起相关公众与驰名商标权人产生混淆和联系等，进行综合考量认定是否构成域名注册不当。

（三）对未注册驰名商标予以保护

《商标法》第13条第2款规定："就相同或者类似商品申请注册的商标是复制、摹仿或者翻译他人未在中国注册的驰名商标，容易导致混淆的，不予注册并禁止使用。"第58条规定，将他人注册商标、未注册的驰名商标作为企业名称中的字号使用，误导公众，构成不正当竞争行为的，依照《中华人民共和国反不正当竞争法》处理。

（四）放宽驰名商标注册显著性要求

《商标法》第11条规定："下列标志不得作为商标注册：（一）仅有本商品的通用名称、图形、型号的；（二）仅直接表示商品的质量、主要原料、功能、用途、重量、数量及其他特点的；（三）其他缺乏显著特征的。前款所列标志经过使用取得显著特征，并便于识别的，可以作为商标注册。"

二、驰名商标保护的相关问题

（一）禁止驰名商标权人滥用权利

2013年修订的《商标法》在强化驰名商标保护的同时，也关注了对驰名商标权人不当使用商标行为的规制，该法第 14 条最后 1 款规定："生产、经营者不得将'驰名商标'字样用于商品、商品包装或者容器上，或者用于广告宣传、展览以及其他商业活动中。"

（二）防止驰名商标被淡化

商标淡化，是指减少、削弱驰名商标或其他具有相当知名度的商标的识别性和显著性，损害、玷污其商誉的行为。具体淡化行为包括将他人的驰名商标使用在不相同、不相似的商品或服务上，例如，将家用电器"菲利浦"商标作为自己生产的家具的商标；将他人的驰名商标作为自己企业名称的组成部分，例如，将"长虹"商标用作自己酒店的名称。这两种行为已经被《商标法》禁止，还有一些法律未明确规定的行为，也会造成驰名商标淡化，如将他人的驰名商标作为域名使用。

第五编

专 利 法

第十九章　专利法律制度概述

实现党的二十大提出的科技创新目标，必须完善保护创新技术的法律制度，专利权人的发明创造对全社会技术进步和创新作出了贡献，要依法保护创新成果、赋予专利权人对其发明创造在一定期限享有垄断、独占的使用权利。

第一节　专利权概述

一、专利权概念

在很多语境下，"专利"和"专利权"具有相同的含义，实践中人们口头上说的专利和专利权是混同的，"专利"一词使用的更为频繁。在法律层面，专利本质含义是指法律通过公开的方式授予某个主体对特定技术享有独占的使用权；专利权是国家专利主管部门依照法定的条件和程序授予发明人或其他合法申请人对其发明创造在一定期限内享有独占和排他的权利。两者的核心要义均是赋予特定主体以"专利"。

二、专利权特征

（一）独占性

专利权的独占性和排他效力在所有知识产权中居于首位。它是专利权最核心的权利属性，是专利权人实现财产权的前提。专利权的独占性主要表现在除法律另有规定外，未经专利权人许可，任何人不得为生产经营目的制造、使用、许诺销售、销售、进口其专利产品，或者使用其专利方法以及使用、销售、进口依照该专利方法直接获得的产品。否则，就构成对专利权的侵犯，侵权人应依法承担法律责任。[①] 独占性是垄断的同义词，一方面指专利权人对获得专利权的技术享有独占的权利；另一方面还指对同一项技术，国家只能授予一项专利权。即使他人独立完成的发明创造，也不能再申请获得专利权，甚至也不允许未经专利权人许可使用该技术。

（二）公开性

专利权人对其发明创造在一定期限内享有独占和排他权利的对价，是公开技术方案。一方面技术方案充分公开是获得专利权授权的条件。另一方面，专利技术公开也是平衡社会公共利益之必须。专利权具有非常强的独占和排他性，一项技术被授予专利权后，他人独立完成的技术研发成果也不能再申请专利权，甚至不能未经许可使用，如果专利技术不能充分公开，他人无从知悉技术方案内容，不仅会陷入无效重复开发，还会在不知情的情况下陷入专利侵权纠纷。

（三）创造性要求高

国家授予专利权的条件俗称专利的"三性"，即新颖性、创造性和实用性，"新颖性"要求可被授予专利的技术方案是"新"的，是前所未有的非现有技术；"创造性"在新颖性的基础上，进一步要求"非显而易见"性，只有所属领域技术人员必须花费创造性劳动才能实现的技术方案方能被授予专利权。

---

① 康晓红、樊桥：《论专利权对创新的推动》，载《科学咨询》2017 年第 27 期。

（四）地域性和时间性

地域性是指专利权在空间上的效力受到地域的限制，具有严格的领土性，效力仅限于授权国本土境内，这是与所有权保护无地域限制原则的明显区别。专利权只能按照授权国的法律获得承认和保护，除非按照国际公约或者双边协定，否则都没有域外效力，在其他国家不能享有专利技术的独占权利。

时间性是指知识产权只在法律规定的期限内受到保护，超过了知识产权保护的法定期限，相关知识产品就进入公有领域，成为全人类可以共同自由使用的公共资源。知识产品与人们的物质文化生活关系越密切，保护的期限就越短，因此专利权法、著作权法和商标权法保护的知识产权相比较，专利技术生产的产品与民生关系最密切，因此专利权保护期限最短。

三、专利权的权利属性

学者普遍认为专利权为"私权"，但专利权的取得和行使、保护等很多方面，与一般私权有所不同。

（一）专利权的私权本质

世界贸易组织 TRIPS 协定明确地规定"（各加入成员）承认知识产权为私权"。参与各方均承认知识产权为私权，就意味着其须将对知识产权的保护水平和保护方法纳入私权保护体系中去，将知识产权的保护力度与传统物权的保护力度拉近，使得知识产权人的合法利益得到更为充分的保护。

（二）专利权的公权属性表现

虽然专利权具有私权本质，但仍然有公权属性表现，专利权从权利取得、行使、保护和限制等各个方面，都有与其他民事权利不同之处。

第二节　专利权与其他知识产权的区别和联系

一、专利权与商标权

（一）相同之处

1. 均属于工业产权

按照传统知识产权分类，狭义的知识产权包括著作权、专利权和商标权三部分，可分为两个类别：一类是文学产权（literature property），包括著作权和邻接权，是关于文学、艺术、科学作品等与人们的文化生活相关的知识产权，保护的是创作者和传播者的智力劳动成果。另一类是工业产权（industrial property），主要就是专利权和商标权，顾名思义是指在工业产业领域运用的知识产权，注重经济实用意义的保护。

2. 均需要行政确权程序

与著作权的自动产生不同，专利权和商标权的取得均需经过国家行政主管部门审查、批准程序予以核准授权。两者的审查程序有所不同，专利要向国家知识产权局专利局申请，经过初步审查（新型和外观）和实质审查（发明），最终授予专利权；商标向国家知识产权局商标局申请，经过初步审查，公告无异议后核准注册。

（二）两者主要区别

1. 保护客体和目的不同

商标权和专利权的客体不同。专利权保护技术内容，包括发明、实用新型、外观设计。商标权保护商业标识本身，比如图形、文字及其组合或者立体商标、声音商标。两者保护目的也不同，专利权保护创新技术方案的独占实施权，商标权保护的目的是防止消费者对商品或服务的提供者混同。

2. 保护期限不同

商标权和专利权的保护期限不同，专利权保护期限短，商标理论上保护期限是可以无限延长的。专利权保护期有限，均自申请日起计算保护期，发明 20 年、新型 10 年、外观设计 15 年，到期不能续展。商标权保护期 10 年，但是到期可以续展，因此只要每 10 年续展一次就可以无限期拥有商标独占使用权。

3. 保护内容不同

专利权保护不得制造、使用、许诺销售、销售、进口同该专利相同或近似的产品。商标权保护不得在同类商品上注册和使用相同或相似的商标，如果受保护的是驰名商标，不得在不同类商品注册和使用驰名商标。

二、专利权与著作权

（一）相同之处

传统知识产权按照知识产权保护对象和权利来源不同，分为创造性智力成果和标识性智力成果，知识产权要么来自智力创造活动，要么来自经营活动中长期使用形成的标识性智力成果，前者主要指专利权保护的发明创造和著作权保护的文学艺术作品，后者主要是商标权。因此专利权与著作权的相同之处，是两者均属于基于创造性智力成果所依法享有的专有权利。

（二）两者主要区别

1. 创造性要求不同

专利权保护的是思想，著作权保护的是表达，专利权保护的对象创造性要求高于著作权保护的作品，国家授予专利权的条件俗称专利的"三性"，即新颖性、创造性和实用性，需要发明创造与现有技术相比具有质的不同才能受到专利法保护；著作权保护要求作品具有独创性，创作者独立完成的原创性表达作品就可以受到著作权保护。

2. 权利取得原则不同

两者的权利取得原则不同，专利权要向国家知识产权局专利局申请，经过初步审查（新型和外观）和实质审查（发明），最终才能授予专利权。著作权自动产生，著作权人自作品创作完成之日自动享有著作权。

3. 保护期限不同

专利权和著作权保护期限不同，专利权保护期限短，自申请日起算发明 20 年，实用新型 10 年，外观设计 15 年。著作权保护期限较长，一般著作权保护期限至作者死后第 50 年的 12 月 31 日。

第三节　专利法概述

一、专利法的概念

专利法作为知识产权法律制度的重要组成部分，是调整发明创造的产生、使用、保护相关社会关系的法律规范的总和。

从狭义层面，"专利法"还是《专利法》的简称。调整发明创造的产生、使用、保护相关社会关系的法律规范除了《专利法》之外，还有《民法典》《植物新品种保护条例》《集成电路布图设计保护条例》等国内法律法规，还包括我国加入的《世界知识产权保护公约》《专利合作条约》等国际公约。但我国对于专利权系统、完整保护的内容，体现在《专利法》，因此本书主要讲述我国《专利法》的建立和发展。

二、专利法的历史和发展

《巴黎公约》的调整对象即保护范围是工业产权，包括发明专利权、实用新型、工业品外观设计、商标权、服务标记、厂商名称、产地标记或原产地名称以及制止不正当竞争等。《巴黎公约》的基本目的是保证一成员国的工业产权在所有其他成员国都得到保护。我国于 1985 年 3 月19 日正式成为巴黎公约成员国。[①]

三、我国专利制度建立及发展

（一）中华人民共和国成立前的专利制度状况

我国专利制度的萌芽于 1898 年颁发的《振兴工艺给奖章程》，给予新产品及方法不同时间的专利保护。1932 年诞生了第一部较为完善的专利法律文件《奖励工业技术暂行条例》，对新技术获得专利保护的审查、颁证、奖励内容等进行了规定。我国历史上第一部正式的专利法是 1944 年南京国民政府颁布的《专利法》，内容和体系都较为完备，但在 1949 年之前没能实施。

（二）中华人民共和国专利制度建立及发展

中华人民共和国成立后，1950 年中央人民政府颁布了《保障发明权与专利权暂行条例》，采用发明证书与专利证书并存的方式保护发明权与专利权；1963 年11 月国务院颁布了《发明奖励条例》，以发明奖励代替发明保护。1980 年国务院批准成立中国专利局，开始专利法的起草工作，1983 年专利法草案经国务院常务会议通过，同年9 月提请全国人民代表大会审议。历经多年、先后24 稿的《专利法》于 1984 年在第六届全国人民代表大会常务委员会第四次会议上获得通过。

我国现行《专利法》于 1985 年 4 月 1 日起实施，并分别于1992 年、2000 年、2008 年、2020 年进行过四次修改。前两次修订主要是来自国际交流的要求，第一次修订主要是我国恢复关贸总协定缔约国地位的需求，第二次修改主要是为了适应我国加入世界贸易组织对专利保护水平的要求。我国专利法第三次、第四次修订完

---

① 吴汉东等：《知识产权基本问题研究》，中国人民大学出版社 2005 年版，第 357－365 页。

全是基于国内知识产权保护的要求，说明我国随着社会主义市场经济体制的完善、经济和科学技术的快速发展，国内知识产权保护的要求和理念快速提升；也完全符合习近平总书记在党的二十大报告中对于加快实施创新驱动发展战略，积聚力量进行原创性、引领性科技攻关的指示精神。

第二十章　专利权的主体

通过创造性劳动完成发明创造的人，其创新劳动成果依法受到保护，可依法定程序向专利行政管理部门申请专利权证书。

第一节　专利权人与专利申请人

专利权的主体是指谁依法享有专利权，专利权并非自动产生，专利申请人向国家专利行政部门提出专利授权申请，国家专利行政部门对专利申请进行审查，不符合授权条件就驳回申请。符合授权条件就向申请人颁发专利权证书，因此专利申请权人与专利权人不可分割。

一、专利权人

专利权人即享有专利权的人，指依法获得专利权，对于专利权所指向的发明创造享有独占和垄断地位的人。依据专利权获得方式不同，专利权人分为原始取得人和继受取得人，专利权的原始取得人指通过专利申请直接获得专利权的人，专利申请通过法定审查、审批程序被批准授权后，专利申请人就是专利权人。

专利权是一种财产权利，可以通过继承或转让的方式取得；专利权的继受取得是一种民事法律行为，主要受我国《民法典》调整，本章仅讲述专利权原始取得人。

二、专利申请人

专利申请人是指就一项发明创造向国家专利行政部门提出申请专利的人，如果发明人是一种客观事实判断的话，申请人是一个法律判断。专利申请人向国家专利行政部门提出专利授权申请，国家专利行政部门对专利申请进行审查，符合授权条件给申请人颁发专利权证书，因此专利申请权归属直接决定专利权的归属。

一般情况下完成发明创造的发明人就是专利申请人，特殊情况下发明人之外的人或者法人企业是专利申请人。

第二节　发明人与申请人

一、发明人

发明是通过创造性劳动完成发明创造的过程，发明人是具体进行创造活动的人、发明人只能是自然人。按照专利法的规定，即使发明人不是专利申请权人和专利权人，发明人的署名权不因此而被剥夺，发明人有权在专利证上注明自己的名字。确定发明人具有重大法律意义，它是确定专利申请人和专利权人资格的基础。

发明人是对发明创造的实质性特点作出了创造性贡献的人，只有对发明创造付出了创造性脑力劳动的人才能被认为是发明人。发明人必须同时满足以下条件：

（1）必须是直接参加发明创造活动的人。对发明创造起领导作用，不直接参加发明创造活动的人，不能作为发明人。

（2）必须是对发明创造的实质性特点有创造性贡献的人。发明创造是一个复杂的过程，尤其是重大、有影响力的发明创造，离不开单位提供的物质技术条件和各方面的辅助保障，但未对发明创造的实质性特点有创造性贡献的人不能作为发明人。

（3）发明人只能是自然人。

二、申请人

（一）基于法律直接规定

我国现行《专利法》第 6 条规定了申请人的认定原则，该条规定："执行本单位的任务或者主要是利用本单位的物质技术条件所完成的发明创造为职务发明创造。职务发明创造申请专利的权利属于该单位；申请被批准后，该单位为专利权人。非职务发明创造，申请专利的权利属于发明人或者设计人；申请被批准后，该发明人或者设计人为专利权人。利用本单位的物质技术条件所完成的发明创造，单位与发明人或者设计人订有合同，对申请专利的权利和专利权的归属作出约定的，从其约定。"

1. 职务发明的认定

执行本单位的任务或者主要是利用本单位的物质技术条件所完成的发明创造为职务发明创造。职务发明分为两类，一是执行本单位的任务完成的发明创造，不管是否利用了本单位的物质技术条件都属于职务发明；二是主要利用本单位的物质技术条件所完成的发明创造，不管是不是执行本单位的任务或者基于发明人工作职责，都属于职务发明。

《专利法实施细则》对于"执行本单位的任务所完成的职务发明创造"和"本单位的物质技术条件"进行了解释，执行本单位的任务所完成的职务发明创造，是指（1）在本职工作中作出的发明创造；（2）履行本单位交付的本职工作之外的任务所作出的发明创造；（3）退职、退休或者调动工作后 1 年内作出的，与其在原单位承担的本职工作或者原单位分配的任务有关的发明创造。《专利法》第 6 条所称本单位，包括临时工作单位；所称本单位的物质技术条件，是指本单位的资金、设备、零部件、原材料或者不对外公开的技术资料等。

2. 权利归属

职务发明创造申请专利的权利属于该单位；申请被批准后，该单位为专利权人。非职务发明创造，申请专利的权利属于发明人或者设计人；申请被批准后，该发明人或者设计人为专利权人。

3. 尊重约定

对不符合法定的职务发明的条件"利用本单位的物质技术条件所完成的发明创造"的权利归属允许约定，如果单位与发明人或者设计人订有合同，对申请专利的权利和专利权的归属作出约定的，从其约定。

（二）基于合同

1. 专利申请权转让合同

专利权是一项财产权利，不具有人身专属性，发明人有权决定其发明创造是否申请专利以及由谁来申请专利，发明人之外的其他人（包括法人和自然人）可以通过专利申请权转让合同取得专利申请权。如果在专利申请之前发明人将专利申请权转让给他人，转让行为受合同法调整。受让人需要注意的风险事项是如果有第三人独立完成了同样的发明创造且在先提出专利申请，受让人凭借专利申请权转让合同无法对抗第三人，因此在签订类似专利申请权转让合同时，最好对此事项作出约定。如果是在专利申请提出后的转让，受让人要注意程序上的要求，应当订立书面转让合同并将转让合同报专利行政机关登记、公告。

2. 委托发明合同

我国专利法对于委托发明的权利归属采合同优先兼侧重保护发明人的原则，即"先从约定，未约定或约定不明的归受托人"，这就要求委托人在签订委托发明合同的时候一定要对权利归属作出明确的约定，否则其权利无法受到有效保护，因为未约定权利归属的时候专利申请权属于发明人。

（三）基于法定事由——继承

专利申请权可以通过继承取得。继承方式取得专利申请权与转让一样发生权利主体的变更，只是转让是一种双务、有偿、诺成的合同行为，继承是基于被继承人死亡为条件的事实行为，继承取得专利申请权同样存在提出专利申请前继承不能对抗第三人、在提出专利申请之后要到专利登记机关办理变更申请人的手续。

第三节　先发明人与先申请人

与著作权法"保护表达"不同，专利法保护的是思想，即同样的发明创造，只有一项发明创造会被授予专利权，其他人即使独立完成的发明创造也不能被重复授予专利权。

一、我国采先申请制

我国采取以最早的申请日来决定最先申请人的先申请制，现行《专利法》第 9 条规定："同样的发明创造只能授予一项专利权。但是，同一申请人同日对同样的发明创造既申请实用新型专利又申请发明专利，先获得的实用新型专利权尚未终止，且申请人声明放弃该实用新型专利权的，可以授予发明专利权。两个以上的申请人分别就同样的发明创造申请专利的，专利权授予最先申请的人。"

对于同一日两个以上的申请人分别就同样的发明创造申请专利的，我国《专利法》在这一问题上采取协商原则。

二、关于优先权的规定

（一）国际优先权

申请人自发明或者实用新型在外国第一次提出专利申请之日起十二个月内，或者自外观设计在外国第一次提出专利申请之日起六个月内，又在中国就相同主题提出专利申请的，依照该外国同中国签订的协议或者共同参加的国际条约，或者依照相互承认优先权的原则，可以享有优先权。

（二）国内优先权

申请人自发明或者实用新型在中国第一次提出专利申请之日起十二个月内，或者自外观设计在中国第一次提出专利申请之日起六个月内，又向国务院专利行政部门就相同主题提出专利申请的，可以享有优先权。

（三）程序

申请人要求优先权的，应当在申请的时候提出书面声明，并且在三个月内提交第一次提出的专利申请文件的副本；未提出书面声明或者逾期未提交专利申请文件副本的，视为未要求优先权。

第二十一章 专利权的授权和无效

世界上各个国家都对发明创造授予专利权给予限制，各国专利法都规定自己的专利审查制度，我国专利法规定了发明、实用新型和外观设计不同的申请、审批程序。

第一节 专利权的申请

专利权不是自然而然产生的，一项发明创造即使符合专利的"三性"，发明人也不当然对这项发明创造享有专利权。其只有依照法定的申请、审批程序，才有可能获得专利权；同时专利人受到保护的具体范围，也完全取决于授权专利的权利要求书。

一、专利申请的原则

专利申请要遵循一定的原则，具体有书面原则、单一性原则等，这些原则在专利申请过程都有体现。

（一）书面原则

书面原则指专利申请行为需要通过书面的形式完成。书面文件便于阅读、保存、事后查询，专利申请过程每一个步骤都非常重要，如果没有书面的材料记载整个过程的具体情况，容易发生纠纷，因此世界各国专利法都规定，申请专利的各种文件都必须以书面的形式。

我国《专利法》第 26 条规定："申请发明或者实用新型专利的，应当提交请求书、说明书及其摘要和权利要求书等文件。请求书应当写明发明或者实用新型的名称，发明人的姓名，申请人姓名或者名称、地址，以及其他事项。说明书应当对发明或者实用新型作出清楚、完整的说明，以所属技术领域的技术人员能够实现为准；必要的时候，应当有附图。摘要应当简要说明发明或者实用新型的技术要点。"第 27 条规定："申请外观设计专利的，应当提交请求书、该外观设计的图片或者照片以及对该外观设计的简要说明等文件。申请人提交的有关图片或者照片应当清楚地显示要求专利保护的产品的外观设计。"《专利法实施细则》第 2 条规定："专利法和本细则规定的各种手续，应当以书面形式或者国务院专利行政部门规定的其他形式办理。"

（二）单一性原则及例外

单一性原则又称为"一申请一发明"原则，广义的单一性原则还包括同样发明只能被授予一项专利权，本章所属单一性原则是指一项专利申请应限于一项发明或实用新型，不能将两项或两项以上的发明创造并入一项专利申请中。单一性原则的目的是便于对专利申请进行分类、检索和审查审批，也便于社会公众查询自己想要领域的专利技术。

对于某些特殊情况，两项或多项发明创造合并申请，不会给专利申请审查及公众查阅带来麻烦，甚至会带来一些便利，多数国家专利法都允许这些特殊情况下，发明人可以并案申请。我国《专利法》也规定了专利申请的单一性原则及例外情形，我国《专利法》第 31 条规定："一件发明或者实用新型专利申请应当限于一项发明或者实用新型。属于一个总的发明构思的两项以上的发明或者实用新型，可以作为一件申请提出。一件外观设计专利申请应当限于一项外观设计。同一产品两项以上的相似外观设计，或者用于同一类别并且成套出售或者使用的产品的两项以上外观设计，可以作为一件申请提出。"

二、专利申请之路径选择

在法定的专利权保护期限内，专利权人可以独占发明创造的实施权。但申请专利要求公开技术方案，如果不能获得授权、技术方案也已经被公开，因此是否申请专利、申请何种专利之选择，在实务中具有重要意义。

（一）是否选择申请专利权

是否选择申请专利保护，就需要对专利申请进行可行性判断和市场价值判断。通过文献检索对发明创造的新颖性、创造性和实用性进行充分评价，对专利申请是否能够获得专利授权进行全面的评价。通过对该技术领域的技术发展状况进行全面考虑，确认该技术是否有申请专利保护的市场价值。

（二）申请方式选择

如果经过综合评判决定申请专利保护，就需要选择申请方式，是申请发明专利还是实用新型专利保护，前面已经详细讲述过发明专利和实用新型专利保护的不同，可以根据技术的创造性水平及商业需要决定申请方式。按照现行专利法的规定还可以同时申请发明专利权和实用新型专利权，先获得实用新型专利权取得 10 年期限的专利权保护，待发明专利获得授权后放弃实用新型专利权。

选择申请发明专利，则要求技术方案与现有技术相比要有突出的实质性特点和显著进步；选择申请实用新型专利，则创造性要求是技术方案有实质性特点和进步。

三、专利申请文件撰写

（一）发明和实用新型专利申请文件撰写

1. 发明专利请求书

（1）发明名称：准确、简洁地确定该发明的实质性特点，用通用、专业的技术术语反映主导的类别领域，发明名称一般以 15 字左右为宜，要在名称中说明所属技术领域及发明的种类（产品、方法），让专利审查员容易看明白技术的主要特征和技术领域。

（2）发明人：发明人只能是自然人的真实姓名；专利申请可以书面请求不公布发明人，但之后不得再要求公布。

（3）申请人：申请人是依法享有专利申请权自然人或者法人，需要填写自然人的真实名称或法人单位的正式全称。

（4）地址：要准确写明联系地址，在专利申请过程中专利局将依据申请人填写的地址邮寄资料，涉及专利申请的答辩与补正等通知，如果地址填写不当不能及时接收专利局的材料，造成的不利后果由申请人自行负担。

（5）其他：专利代理机构；申请文件清单；附加文件清单；申请费缴纳情况。

2. 权利要求书

专利申请的权利要求书是最重要的专利申请文件，权利要求书确定申请人就发明专利请求专利法保护的范围，也是侵权诉讼中界定是否构成侵犯专利权的依据，因此权利要求书的撰写要十分严谨和慎重。一项技术方案内涵越丰富，外延就越狭窄，特征越多保护范围越狭窄；从扩大保护范围的角度看，要减少权利要求书中的技术特征，但技术方案的特征少可能会导致发明创造缺乏新颖性和创造性，无法通过专利局的授权审查。权利要求书要兼顾权利保护范围和满足专利授权之条件，确定技术方案的特征。

权利要求中应当至少有一项独立权利要求，可以有多项从属权利要求。独立权利要求的范围最宽，应尽量减少技术特征；后面接着写若干项从属权利要求，特征逐渐增加、保护范围逐渐递减。有多项从属权利要求的意义在于一旦前一项权利要求被否定，可由紧随其后的从属权利要求替补，则该从属权利要求就变为独立权利要求。这样在他人启动专利无效宣告程序时，只要还有一项从属专利要求具有专利的"三性"，专利权人的专利就只能被部分无效。

3. 说明书

说明书是具体阐述发明创造内容的书面文件，权利要求书以说明书为依据，专利技术的公开性是通过说明书实现的。说明书还有一个作用，如果出现权利要求书中某一特征字面意义有两种或以上解释的时候，可以用说明书中的内容进一步确定该特征的含义。

说明书包括如下内容：

（1）技术领域。要尽可能写清楚发明创造直接所属的具体领域，切忌空泛、笼统。

（2）技术背景。具体指该发明创造有关的现有技术，阐明发明创造与现有技术的区别与特点。

（3）发明内容。具体写发明创造技术方案解决了哪些问题、有什么创新特征，这是说明书最重要的部分，要求清楚、完整地诠释技术方案的内容，达到该领域普通技术人员通过阅读说明书可以理解发明创造的内容。总之，通过说明书的诠释，发明创造的实用性、新颖性和创造性都应该得到体现。

（4）附图说明。需要的话说明书可以有附图，不需要的话可以不带附图，如果有附图需要对附图做简单说明。

（二）外观设计专利申请文件的撰写

（1）专利请求书。请求书的内容与发明和实用新型基本相同。

（2）图片或照片。外观设计是一种富有美感而不要求功能性的造型，因此图片或照片能够直观和全面地反映外观设计的特点。申请外观设计专利的，应当提交该外观设计的图片或者照片以及对该外观设计的简要说明等文件。

（3）明确适用的产品。与发明和实用新型专利不同，外观设计专利保护与产品相关，因此在申请外观设计专利时，应明确所适用的产品，申请人提交的有关图片或者照片应当清楚地显示要求专利保护的产品的外观设计。

第二节 专利的审查授权

一、发明专利的审查授权

我国的发明专利审查审批制度采取早期公开、迟延审查的制度。我国《专利法》第 34 条规定："国务院专利行政部门收到发明专利申请后，经初步审查认为符合本法要求的，自申请日起满 18 个月，即行公布。国务院专利行政部门可以根据申请人的请求早日公布其申请。"从这条规定看出，我国专利法规定发明专利的审查程序包括受理、初审、18 个月后公开（对保密专利申请不公开）、申请日起 3 年内的任何时间提出实质审查请求，不提起被视为撤回。申请人可以请求提前实质审查，必须向专利局提出提前实质审查申请和提前公开的申请，并缴纳提前实质审查的费用。

二、实用新型专利的审查授权

实用新型的审查程序包括受理、初审和公告授权，对实用新型专利权授权不进行实质审查。

三、外观设计专利申请和授权

我国专利法对外观设计专利和实用新型专利规定了相同的审查授权程序，对外观设计专利权授权不进行实质审查，经过受理、初审和公告授权。专利侵权纠纷涉及实用新型专利或者外观设计专利的，人民法院或者管理专利工作的部门可以要求专利权人或者利害关系人出具由国务院专利行政部门对相关实用新型或者外观设计进行检索、分析和评价后作出的专利权评价报告。

第三节　专利复审与无效程序

无论专利局审查员如何认真，审查工作不能保证万无一失。专利授权与否对申请人和社会公众都具有重要的意义，为了充分保障申请人和公众的权利，在程序上规定了专利的复审和无效宣告程序。

我国专利法规定对实用新型专利权和外观设计专利权采取形式审查，实践中存在有些人将缺乏新颖性和创造性的技术方案或设计，通过专利局审查获得了实用新型专利权或外观设计专利权的情形。这样会导致专利权人滥用专利制度获得不当的市场竞争优势，因此在专利侵权诉讼中，被控侵权的人可以通过主张专利无效方式来维护自己的合法权益。同时个别发明专利也有可能因缺乏新颖性或创造性而授权不当，在专利侵权诉讼中被控侵权一方也可以提起专利无效宣告程序。

一、专利复审与无效程序概述

专利局下设专利复审委员会，处理复审及无效宣告案件，专利局对专利申请的审查有两种结果：驳回专利申请和授予专利权。如果专利申请未获得授权，则专利申请人对专利局决定不服的，在接到驳回通知3个月内请求复审；如果专利申请通过审查获得授权，则任何人对已经公告的专利都可以提起无效宣告程序。

专利复审程序由专利申请人提起，专利申请人对专利局决定不服的，在接到驳回通知3个月内向专利复审委员会提起复审请求，复审委员会将针对复审理由进行审查，并将审查结论通知申请人。如果复审委员会维持了专利局的结论，专利申请人对专利复审委员会的决定仍然不服的，可在收到通知之日起3个月内以专利复审委员会为被告，向北京知识产权法院提起行政诉讼；如果复审委员会支持了申请人的复审请求予以公告授权，则任何人都可以提起无效宣告程序。

二、专利无效程序

（一）无效程序的启动

1. 时间

无效程序的启动始于公告授权之日，无终期，即使已经过了专利法定的保护期限，仍然可以提起无效宣告程序，因为有可能涉及专利许可或转让合同未履行完毕、侵权诉讼仍未审结等情形，专利无效宣告程序仍然有存在的意义和启动的必要。

2. 主体

任何人均可以提起无效宣告程序，当然实践中提起无效宣告的人一般是有竞争关系的人、在专利侵权诉讼中被控侵权的人。

3. 程序

向专利复审委员会提交无效宣告请求书一式两份，包括事实、理由及证据，同时交纳相应的费用。

（二）无效宣告的理由

1. 发明创造之主题不适格

违反我国《专利法》第 5 条之规定，发明创造属于违反法律和社会公德、获取或利用遗传资源取得的发明创造。

2. 不具有专利性

针对专利申请所涉及的发明创造具体情形，以缺乏实用性、新颖性和创新性为由提起发明和实用新型专利无效宣告；以外观设计与现有设计相同或近似、与他人在先权利冲突为由提起外观设计专利无效宣告。

3. 申请文件不符合公开性要求

专利文件对技术方案要进行充分的公开，如果申请文件不符合公开性的要求，该领域普通技术人员无法通过阅读专利文献知悉该技术的内容，也可以此事由请求宣告无效。

4. 申请的修改或分案的申请超出了原说明书的范围

违反我国《专利法》第 33 条之规定，对发明和实用新型专利申请文件的修改超出原说明书和权利要求书记载的范围，对外观设计专利申请文件的修改超出原图片或者照片表示的范围。

5. 在后专利权

违反先申请和唯一性原则，同样的发明创造只能授予最先申请的人一项专利权。

6. 违反禁止性条件

违反我国《专利法》第 25 条规定，将某一种不能被授予专利权的发明创造申请了专利，可依法请求宣告专利无效。

（三）无效宣告的后果

提起无效宣告程序后，经专利复审委员会审查会有三种结果：（1）宣告无效；（2）维持专利权有效；（3）宣告专利权部分无效。

依照我国《专利法》的规定，专利复审委员会的裁决不具有终局效力，对专利复审委员会宣告专利权无效或者维持专利权的决定不服的，可以自收到通知之日起三个月内向人民法院起诉。人民法院应当通知无效宣告请求程序的对方当事人作为第三人参加诉讼。如果在规定期限内无人就专利复审委员会的无效决定提起行政诉讼或者人民法院行政诉讼维持专利复审委员会的无效决定，则宣告无效的专利权视为自始不存在。该无效宣告具有对世效力及追溯效力，任何人都可自由使用该专利技术，已经签订的实施许可合同自然终止。对于专利宣告无效前人民法院已经作出并已执行的专利侵权的判决、裁定；管理专利部门已经作出并已执行的专利侵权的决定，以及已经履行的专利实施和专利转让合同不具有追溯力，但是专利权人恶意造成损失的，应当予以赔偿。

第二十二章 专利权的内容和限制

专利权人获得专利权后,法律应赋予专利权,赋予专利权人对其享有专利权的技术方案的独占实施等权利,是专利权制度的核心。同时要兼顾社会公共利益、对专利权进行必要的限制。

第一节 专利权内容

一、专利权内容的概念

专利权的内容是专利权人基于其发明创造申请经审查批准后,在规定的期限内依法享有的对专利技术独占和专有权,以及由其衍生出来的处分权。专利权是一种具有财产权属性的权利,依法可以处分,专利权人可以许可他人使用其专利权、还可以转让其专利权。

二、发明和实用新型的独占实施权

《专利法》第 11 条第 1 款规定:"发明和实用新型专利权被授予后,除本法另有规定的以外,任何单位或者个人未经专利权人许可,都不得实施其专利,即不得为生产经营目的制造、使用、许诺销售、销售、进口其专利产品,或者使用其专利方法以及使用、许诺销售、销售、进口依照该专利方法直接获得的产品。"可见,对于专利产品,独占实施权包括独占制造、使用、许诺销售、销售、进口权；对于方法专利，依照专利方法直接获得的产品，其本身可能是专利产品，有可能不是专利产品，因此方法发明的独占实施权包括：（1）对该专利方法独占使用权；（2）对依照该专利方法直接获得的产品的独占使用、许诺销售、销售、进口权。

（一）制造权

制造是指生产具有专利权必要技术特征的产品，不管数量多少，不管是否与专利权人生产的产品属于相同或相似产品，不管制造出的产品是否与专利权生产的产品混淆，都属于制造行为。制造权是指专利权人自己可以制造专利产品，可以许可他人制造专利产品，禁止任何人未经许可制造专利产品。制造权是专利权人的基础权利，只有他人未经许可制造出专利产品，才会发生使用、销售、进口等侵权行为。

（二）使用权

专利法上的使用包括对专利产品的使用和对专利方法的使用。使用权是指专利权人可以自己使用专利产品或专利方法，以及使用用专利方法直接生产的产品，其他人未经许可以生产经营目的使用专利产品就侵犯了专利权人的使用权。

未经许可制造包含专利技术特征的产品并使用，侵犯了专利权人的制造权和使用权，购买了侵权专利产品用于生产经营也属于侵犯专利权的行为，譬如 A 公司未经专利权人许可生产了一种侵犯专利权设备，不仅自行使用还进行销售，B 公司购买该侵权设备后用于生产，A 公司侵犯了专利权人的制造权、销售权和使用权，B 公司则构成侵犯使用权。但并非所有未经专利权人直接许可的使用都构成侵权，如果专利权人生产的或者专利权人授权生产的专利产品，他人购买后即使为生产经营目的使用，也不构成侵权，这在知识产权中被称为"权利用尽"或"权利穷竭"。

（三）销售权

销售行为是将物的所有权通过买卖交易转移的过程，专利权人可以自己销售专利产品，也可以许可他人销售专利产品，有权禁止任何人未经许可销售专利产权。当然根据专利权的"权利用尽"原则，任何人销售专利权生产或专利权人授权生产的专利产品，无须再取得专利权人的许可。

在专利权保护的过程中，销售居于重要的地位，对于专利侵权产品销售环节的控制非常重要。一是销售侵权行为比较容易发现和取证，侵权产品生产过程一般都比较隐匿，侵权人灭失证据非常迅速，专利权人很难发现并取得制造专利产品侵权行为的证据，而销售行为是公开的、面对不特定多数人的交易行为，专利权人比较容易完成证据收集及保全，当然基于证据客观性和合法性的要求，这类证据一般通过公证的方法完成。二是通过制止销售侵权行为，可以发现销售者背后的制造者。我国现行专利法规定，善意销售专利侵权产品者不承担赔偿损失的法律责任，此规定可敦促销售者举证证明自己销售的侵权产品是基于合理的渠道以合理价格取得，就提供了产品制造者侵权的证据，专利人可向侵权产品制造者主张合法权利。

（四）许诺销售权

许诺销售是表示将要销售专利产品，并未实际形成专利产品的销售。许诺销售权是专利权人自己或者授权他人以做广告或在商店货架或者展销会陈列等方式作出销售商品的意思表示的权利，有权禁止任何人未经许可作出许诺销售专利产品的意思表示。

许诺销售行为有可能打破专利权人的市场整体策略，同时在许诺销售阶段就予以禁止，可以避免后续销售侵权行为的发生、减少专利权人损害发生的可能性，因此许诺销售也是专利权人的一项独占实施权。

（五）进口权

进口是指将他国生产的专利产品，从专利权效力范围之外的他国输入中国境内的行为。进口权指在专利权有效期限内，未经许可任何单位或者个人不得为生产经营目的进口专利产品的权利。

利用进口权，专利权人可以将与其专利产品相同的产品挡在国门之外。为了获得知识产权的海关保护，专利权人必须向海关总署提交书面申请，详细列明专利权及专利产品信息，包括专利权人的姓名（名称）、国籍、住所等；专利权的号码、内容及有效期限；与专利权有关的货物名称及其产地等。

值得注意的是，我国 2008 年《专利法》明确规定平行进口为合法。

三、外观设计专利权的独占实施权

专利法规定的外观设计专利权的独占实施权范围比发明和实用新型小，2008 年我国《专利法》修改，在外观设计专利权权能中增加了许诺销售权，该法第 11 条第 2 款规定："外观设计专利权被授予后，任何单位或者个人未经专利权人许可，都不得实施其专利，即不得为生产经营目的制造、许诺销售、销售、进口其外观设计专利产品。"

与发明和实用新型专利权相比，外观设计专利权中缺少了"使用权"，即未经许可使用外观设计专利产品的行为不构成专利侵权。

第二节　专利权的限制

一、专利权限制的立法目的

专利权的内容是专利权人基于其发明创造申请经审查批准后，在规定的期限内依法享有的对专利技术独占或专有权，其他任何人未经许可均不得侵犯其独占权利。

专利权的限制是法律考虑专利权人和社会公众的权利平衡，规定特定情况下，社会公众可以不经专利权人许可，使用专利技术，因此专利权限制是对专利权内容的限缩，这种限缩方式控制在法律规定的情形内，基本不会对专利权人独占实施权造成影响。

二、专利权限制的方式

各国专利法在保护发明创造人独占权利的同时，都要兼顾社会公共利益，对专利权的限制作出规定。专利权人的权利概括起来有两个：许可权和报酬请求权，即未经专利权人许可他人不得使用其专利技术、专利权人有权在许可使用专利技术的时候要求他人支付相应的报酬。对专利权人的限制也就是限制上述两类权利，这两类权利均被限制的情形主要有专利权的保护期限届满进入公有领域、任何人都可以使用该技术，法律明确规定某些使用专利技术的行为，不需要经过专利权人许可或向其支付报酬，依法属于不视为侵权的行为；如果只限制专利权的许可权，不限制专利权人的报酬请求权，既不妨碍专利权人财产权益的实现，又利于专利技术的推广使用利于民众，就是法律规定的强制许可和指定许可制度。

（一）专利权的保护期限制

保护期限制指超过了专利法规定的保护期限，专利权人对其专利技术就不再享有独占权利，技术随之进入公有领域，任何人都可以自由使用。我国专利法对发明、实用新型和外观设计专利权规定了不同的保护期限。

我国现行《专利法》第 42 条规定："发明专利权的期限为 20 年，实用新型专利权的期限为 10 年，外观设计专利权的期限为 15 年，均自申请日起计算。"大家要特别注意，专利权保护期限均自申请日起而非授权公告之日起计算。

（二）专利权被放弃

专利权保护期限届满当然导致专利权终止，除了专利权保护期限届满之外，还有可能因为专利权人的行为导致专利权终止。我国《专利法》第 44 条规定："有下列情形之一的，专利权在期限届满前终止：（一）没有按照规定缴纳年费的；（二）专利权人以书面声明放弃其专利权的。"

从这条规定看出，专利权提前终止有两种情形，一是专利权未按照规定缴纳专利年费，缴纳年费是专利权人的义务，如果专利权人没有按照规定缴纳年费会导致专利权在期限届满前终止。第二种情形是专利权人以书面声明放弃专利权，各国专利法均允许专利权人通过书面声明的方式放弃专利权，但如果该专利技术已经许可他人使用，则专利权人不得随意放弃；另外依照我国现行专利法，发明人可以就同一技术方案在同一申请日申请发明和实用新型专利权，先获得的实用新型专利权尚未终止，且申请人声明放弃该实用新型专利权的，可以授予发明专利权，这种放弃必须是采用书面的方式，且经过国务院专利行政部门登记和公告。

（三）专利权穷竭

权利穷竭也称为首次销售、权利用尽（first sale doctrine），指专利权人自己制造或许可他人制造的产品上市经过首次销售后，专利权人对这些特定产品不再享有任何意义上的支配权。

我国现行《专利法》第75条第1款规定："专利产品或者依照专利方法直接获得的产品，由专利权人或者经其许可的单位、个人售出后，使用、许诺销售、销售、进口该产品的，不视为侵犯专利权。"

（四）技术在先使用

我国现行《专利法》第75条第2款规定："在专利申请日前已经制造相同产品、使用相同方法或者已经做好制造、使用的必要准备，并且仅在原有范围内继续制造、使用的，不视为侵犯专利权。"

先用权的条件和限制如下：（1）以申请日而非以公开日为界。上述制造、使用行为或为制造使用行为所做的准备工作必须是在该专利的申请日之前已经进行，并且应当一直延续到申请日后。（2）适用范围，在先使用权人只有在原有范围内继续制造、使用该项技术；超出原有范围制造、使用即构成侵权。（3）主体限制，仅限于在先使用权人自己使用，不得转让或者许可他人使用，转让或许可他人使用都不适用在先使用权的限制。（4）不能与专利权无效同时主张。如果实施者能够证明在申请日前技术已经公开，则专利权人的专利技术在申请日前已经丧失了新颖性，可依此事由向国家知识产权局提起无效宣告请求。但在专利侵权诉讼中，被控侵权人不能既主张先用权抗辩又主张专利权无效，因为主张先用权抗辩的前提是认可专利权有效。

（五）临时过境

我国现行《专利法》第 75 条第 3 款规定："临时通过中国领陆、领水、领空的外国运输工具，依照其所属国同中国签订的协议或者共同参加的国际条约，或者依照互惠原则，为运输工具自身需要而在其装置和设备中使用有关专利的，不视为侵犯专利权。"

该限制仅限于交通工具自身使用，运输工具上装载的货物不适用临时过境权。

（六）专为科学研究和实验使用

专为科学研究和实验使用行为不会对专利权人权利的实现造成影响，还可以达成对专利技术的进一步提升和改进，因此规定为不侵犯专利权的行为。

我国现行《专利法》第 75 条第 4 款规定："专为科学研究和实验而使用有关专利的，不视为侵犯专利权。"判断是否可以适用"科学研究与实验例外"应当看其适用该专利技术的目的，而与实施该行为的单位性质无关。所谓"科学研究和实验"，是指专门针对专利技术本身的科学研究和实验，该科学研究和实验的目的是了解作为专利本身的技术特征和技术效果，以实现对该技术做进一步改进。

（七）为行政审批而实施

我国现行《专利法》第 75 条第 5 款规定："为提供行政审批所需要的信息，制造、使用、进口专利药品或者专利医疗器械的，以及专门为其制造、进口专利药品或者专利医疗器械的，不视为侵犯专利权。"

（八）善意使用或销售不承担赔偿责任

无过错则无责任是民事责任承担的基本原则，因此我国现行《专利法》第 77 条规定："为生产经营目的的使用、许诺销售或者销售不知道是未经专利权人许可而制造并售出的专利侵权产品，能证明该产品合法来源的，不承担赔偿责任。"

知识产权法中的善意指主观上不知情和不应知情，首先，善意使用或销售仍然构成侵权，只是不需要承担赔偿责任，需要承担停止侵权等法律责任；如果专利权人主张侵权后仍然继续使用或销售则构成侵权并需要承担相应的赔偿责任。其次，该种善意不包括制造和进口行为，生产和进口企业在制造和进口前有义务了解产品是否为专利产品。最后，善意使用和销售者要举证证明自己的"善意"，要达到证明自己使用或销售的产品是基于合法来源、合法价格取得，否则不能免除承担赔偿责任。

（九）特别许可

前述专利权限制的情形，他人可以不经许可、也不需要向专利权人支付报酬。专利权的强制许可和指定许可，仅对专利权人的许可权予以限制，不影响专利权人报酬请求权的行使，我国现行《专利法》第六章规定了专利实施的特别许可。

（1）指定许可。指定许可是指国有企业事业单位的发明专利，对国家利益或者公共利益具有重大意义的，国务院有关主管部门和省、自治区、直辖市人民政府报经国务院批准，可以决定在批准的范围内推广应用，允许指定的单位实施，由实施单位按照国家规定向专利权人支付使用费。中国集体所有制单位和个人的发明专利，对国家利益或者公共利益具有重大意义，需要推广应用的，参照前款规定办理。

（2）强制许可。强制许可也称非自愿许可，是国家主管机关根据具体情况，不经过专利权人许可，授权符合法定条件的申请人实施专利的法律制度。

我国现行《专利法》第53—63条规定了强制许可制度，第53条规定了防止专利权滥用的强制许可："专利权人自专利权被授予之日起满三年，且自提出专利申请之日起满四年，无正当理由未实施或者未充分实施其专利的；专利权人行使专利权的行为被依法认定为垄断行为，为消除或者减少该行为对竞争产生的不利影响的，国务院专利行政部门根据具备实施条件的单位或者个人的申请，可以给予实施发明专利或者实用新型专利的强制许可。"第54条规定了为公共利益的强制许可："在国家出现紧急状态或者非常情况时，或者为了公共利益的目的，国务院专利行政部门可以给予实施发明专利或者实用新型专利的强制许可。"第55条规定："为了公共健康目的，对取得专利权的药品，国务院专利行政部门可以给予制造并将其出口到符合中华人民共和国参加的有关国际条约规定的国家或者地区的强制许可。"第56条规定了交叉强制许可："一项取得专利权的发明或者实用新型比前已经取得专利权的发明或者实用新型具有显著经济意义的重大技术进步，其实施又有赖于前一发明或者实用新型的实施的，国务院专利行政部门根据后一专利权人的申请，可以给予实施前一发明或者实用新型的强制许可。"

取得强制许可的程序是申请人向国务院专利行政部门提出强制许可申请；国务院专利行政部门将请求书副本送交专利权人，专利权人应在指定期限内陈述意见；国务院专利行政部门作出的给予实施强制许可的决定，应当及时通知专利权人，并予以登记和公告。强制许可的是不得让与的普通实施权。取得实施强制许可的单位或者个人应当付给专利权人合理的使用费，其数额由双方协商；双方不能达成协议的，由国务院专利行政部门裁决。专利权人对国务院专利行政部门关于实施强制许可的决定不服的，专利权人和取得实施强制许可的单位或者个人对国务院专利行政部门关于实施强制许可的使用费的裁决不服的，可以自收到通知之日起三个月内向人民法院起诉。

第二十三章　专利权的保护

因实施侵害专利权的行为，对专利权人造成损失，专利权人可依法请求保护。专利侵权纠纷可以通过行政程序和司法程序解决，其中行政程序是专利权人请求市场监督管理及知识产权行政机关采取查处侵权产品、责令停止侵权、没收侵权物品、销毁制造侵权产品设备等措施，其优点是效率高，可以对侵权人采取行政措施，缺点是行政部门只能组织双方就赔偿数额协商，协商不成时不能决定赔偿数额。因此，很多专利权人需要通过司法程序进行权利救济。

第一节　专利民事侵权的诉讼管辖

专利侵权民事诉讼案件的管辖涉及地域管辖和级别管辖，相关法律规定与一般民事诉讼案件均有所不同。

一、地域管辖

《最高人民法院关于审理专利纠纷案件适用法律问题的若干规定》第 2 条规定："因侵犯专利权行为提起的诉讼，由侵权行为地或者被告住所地人民法院管辖。侵权行为地包括：被诉侵犯发明、实用新型专利权的产品的制造、使用、许诺销售、销售、进口等行为的实施地；专利方法使用行为的实施地，依照该专利方法直接获得的产品的使用、许诺销售、销售、进口等行为的实施地；外观设计专利产品的制造、许诺销售、销售、进口等行为的实施地；假冒他人专利的行为实施地。上述侵权行为的侵权结果发生地。"

专利侵权诉讼的地域管辖，除了被告住所地之外，权利人还可以向侵权行为地人民法院提起诉讼。侵权行为地包括：产品的制造、使用、许诺销售、销售、进口等行为的实施地及侵权结果发生地；原告仅对产品制造者提起诉讼，制造地与销售地不一致的，制造地人民法院管辖；为共同被告的，都有管辖权；销售者是制造者的分支机构，销售地法院有管辖权。

二、级别管辖

《最高人民法院关于第一审知识产权民事、行政案件管理的若干规定》第 1 条规定，发明专利、实用新型专利、植物新品种、集成电路布图设计、技术秘密、计算机软件的权属。侵权纠纷以及垄断纠纷第一审民事、行政案件由知识产权法院，省、自治区、直辖市人民政府所在地的中级人民法院和最高人民法院确定的中级人民法院管辖。法律对知识产权法院的管辖有规定。

因此，在设立知识产权法院和法庭之前，专利侵权纠纷案件由各省会城市和直辖市的中级人民法院和最高人民法院指定的中级人民法院管辖。目前我国已经成立了北京、上海、广州三家专门的知识产权法院，20 家知识产权法庭（南京、苏州、武汉、成都、杭州、宁波、合肥、福州、济南、青岛、深圳、天津、郑州、长沙、西安、南昌、兰州、长春、乌鲁木齐、海口），这些专设的知识产权法院和法庭一般都会跨区管辖所在省市的专利侵权一审案件，对统一专利侵权案件的裁判标准、加强知识产权保护都非常有益。

专利侵权案件的管辖，与案件的标的额也有关系。按照最高人民法院 2019 年的司法解释，目前中级人民法院管辖第一审民事案件的诉讼标的额上限调整为 50 亿元人民币，高级人民法院管辖诉讼标的额 50 亿元以上或者其他在本辖区有重大影响的第一审民事案件。因而，只要诉讼标的额不超过 50 亿元，专利侵权案件仍由上述具有管辖权的知识产权法院和专门法庭，或者中级人民法院管辖。

第二节　专利侵权构成要件及原告诉讼策略

一、专利侵权构成要件

（一）构成要件

司法实践中普遍认同专利侵权之诉中，原告无需举证证明被控侵权人有主观过错；对于因果关系也采推定原则，认定基于市场竞争关系，侵权人的行为会给专利权人带来损失。因此除非法律有特别规定，一般专利侵权案件中，专利权人要举证证明自己是合法有效的专利权人，被告有侵犯其专利权的行为，该侵权行为给专利权人损失的具体情况。

对于有效专利权及损失的举证相对简单，在后面原告举证责任中叙述，侵权行为的认定比较复杂，发明、实用新型与外观设计侵权行为认定原则不同，在此分析叙述。

（二）发明和实用新型专利侵权行为认定

对于发明专利权和实用新型专利权侵权行为的认定，要遵循以下一般原则：

（1）进行侵权判定，应当以专利权利要求中记载的技术方案的全部必要技术特征与被控侵权物（产品或方法）的全部技术特征逐一进行对应比较。

（2）进行侵权判定，一般不以专利产品与侵权物品直接进行侵权对比，专利产品可以用于帮助理解有关技术特征与技术方案。

（3）当原被告双方当事人均有专利权时，一般不能用双方专利产品或者双方专利的权利要求进行侵权对比。

（4）对产品发明或者实用新型进行专利侵权判定比较，一般不考虑侵权物与专利技术是否为相同应用领域。

在实务中，具体认定被控侵权物的技术特征，是否包含专利权利要求中记载的技术方案的全部特征，要逐一将被控侵权物上包含的特征与专利技术方案的特征一一比对，如果被控侵权物（产品或方法）在利用专利权利要求中的全部必要技术特征的基础上，又增加了新的技术特征，仍落入专利权的保护范围。此时，不考虑被控侵权物（产品或方法）的技术效果与专利技术是否相同。

被控侵权物（产品或方法）对在先专利技术而言是改进的技术方案，并且获得了专利权，则属于从属专利。未经在先专利权人许可，实施从属专利也覆盖了在先专利权的保护范围。如果无法取得在先专利权人许可，可以向国家专利行政管理部门提出强制许可申请。

如果被控侵权物（产品或方法）中有一个或者一个以上技术特征经与专利独立权利要求保护的技术特征相比，从字面上看不相同，但经过分析可以认定两者是相等同的技术特征。这种情况下，应当认定被控侵权物（产品或方法）落入了专利权的保护范围。

（三）外观设计专利权侵犯行为认定

我国《专利法》第 11 条第 2 款规定："外观设计专利权被授予后，任何单位或者个人未经专利权人许可，都不得实施其专利，即不得为生产经营目的制造、许诺销售、销售、进口其外观设计专利产品。"构成外观设计专利权侵权是以使用外观设计的产品确定保护范围，即在相同或相似的产品上，使用了相同或相似的外观设计则构成侵权。

相同的外观设计用在相同产品上的侵权认定简单明了，在实务中这种情形也较为少见。一般侵权人都会对享有专利权的外观设计进行一些细微修改以规避侵权认定，外观设计专利权人在侵权诉讼中，应当提交其外观设计的"设计要点图"，说明其外观设计保护的独创部位及内容。专利权人在申请外观设计专利时已向中国专利局提交"设计要点图"的，专利档案可以作为认定外观设计要点的证据。

外观设计专利侵权判定中，应当首先审查被控侵权产品与专利产品是否属于同类产品，不属于同类产品的，不构成侵犯外观设计专利权。同类产品是外观设计专利侵权判定的前提，但不排除在特殊情况下，类似产品之间的外观设计亦可进行侵权判定。如果从商品分类的角度看，被控侵权产品与外观设计专利产品类别相近、形状相同、功能、用途也相同或者交叉，亦应认定为类似商品，也可以进行侵权判定比较，如毛巾和枕巾、年历卡片和贺年卡片、带钟表的收音机与带收音机的钟表。

进行外观设计专利侵权判定，即判断被控侵权产品与外观设计专利产品是否构成相同或者相近似，应当以普通消费者的审美观察能力为标准，不应当以该外观设计专利所属领域的专业技术人员的审美观察能力为标准。普通消费者是指该外观设计专利同类产品或者类似产品的购买群体或者使用群体。

二、原告的举证责任

(一) 权属证据

1. 专利权证书及缴纳维持费的证据

专利侵权诉讼中原告首先举证证明自己是合法有效的专利权人，提交国务院专利行政部门颁发的专利权证书即可。我国《专利法》第 43 条规定："专利权人应当自被授予专利权的当年开始缴纳年费。"第 44 条第 1 款规定："没有按照规定缴纳年费的，专利权在期限届满前终止。"因此专利权人还要提交缴纳专利年费的证据，以证明专利权有效存续。

2. 实用新型和外观设计专利权评价报告

对于发明专利侵权案件，提交专利权证书和年费缴纳证据即能证明合法有效拥有专利权，但对于实用新型专利权和外观设计专利权，法院一般要求提供专利权评价报告。

我国《专利法》第 66 条第 2 款规定："专利侵权纠纷涉及实用

新型专利或者外观设计专利的，人民法院或者管理专利工作的部门可以要求专利权人或者利害关系人出具由国务院专利行政部门对相关实用新型或者外观设计进行检索、分析和评价后作出的专利权评价报告，作为审理、处理专利侵权纠纷的证据；专利权人、利害关系人或者被控侵权人也可以主动出具专利权评价报告。"

（二）侵权行为证据

专利权人要举证证明被控侵权人具体实施了哪种专利侵权行为。

1. 侵犯专利权人的独占实施权

未经许可的实施行为就属于侵犯专利权人的独占实施权，根据我国《专利法》的规定，发明、实用新型专利权与外观设计专利权独占实施权范围不同，侵犯发明专利权、实用新型专利权与外观设计专利权独占实施权的行为类型也有所不同。

根据我国《专利法》第 11 条规定，发明和实用新型专利权独占实施权包括制造、使用、许诺销售、销售、进口其专利产品，外观设计专利权独占实施权包括制造、许诺销售、销售、进口其外观设计专利产品。在专利侵权诉讼中，专利权人要按照《专利法》中对制造、使用、许诺销售、销售、进口行为的界定，举证证明被控侵权人具体实施了哪一种或哪几种侵权行为，不能笼统说有侵权行为。

2. 侵犯专利权人的处分权

指侵犯专利权人转让权、许可权的行为，需要取得相对人的信任，因此此种侵权行为大多与专利权人有某种关系，譬如被许可方、委托加工方等，这种侵权行为认定也不涉及技术特征比对。

3. 假冒专利权

假冒他人专利的行为并不构成对专利技术方案特征的覆盖，甚至完全未使用专利保护范围的技术特征，而是在其生产的产品或包装上标识某一专利号，该专利号与专利权人的专利号重合，这种假冒行为的认定很简单，不需要比对技术特征，但其社会危害性和侵权主观恶性很大，不仅要承担民事赔偿责任，严重的可构成犯罪，承担刑事责任。

（三）举证证明因侵权行为造成的损失

专利权人举证证明因侵权行为给其造成损失的数额，法院才能依照损失数额判令侵权人赔偿损失，随着司法实践不断探讨，我国专利法对损失的计算方式和举证责任不断完善和发展。

我国现行《专利法》第 71 条规定，侵犯专利权的赔偿数额按照权利人因被侵权所受到的实际损失或者侵权人因侵权所获得的利益确定；权利人的损失或者侵权人获得的利益难以确定的，参照该专利许可使用费的倍数合理确定。对故意侵犯专利权，情节严重的，可以在按照上述方法确定数额的一倍以上五倍以下确定赔偿数额。权利人的损失、侵权人获得的利益和专利许可使用费均难以确定的，人民法院可以根据专利权的类型、侵权行为的性质和情节等因素，确定给予三万元以上五百万元以下的赔偿。赔偿数额还应当包括权利人为制止侵权行为所支付的合理开支。人民法院为确定赔偿数额，在权利人已经尽力举证，而与侵权行为相关的账簿、资料主要由侵权人掌握的情况下，可以责令侵权人提供与侵权行为相关的账簿、资料；侵权人不提供或者提供虚假的账簿、资料的，人民法院可以参考权利人的主张和提供的证据判定赔偿数额。

根据该条法律规定，专利权人可以下述方式提供损失证据。

（1）提供企业在出现侵权行为前后专利产品的销售收入、营业利润减少的证据，譬如第三方中介机构出具的审计报告、向税务机关出具的纳税报表和发票等具有客观性的证据。

（2）提供侵权人因侵权行为获利的证据，可以申请法院调取侵权人的审计报告、纳税资料等。

（3）如果不能直接证明损失数额，尽量提供证据证明侵权行为的性质、时间、地域范围和情节等因素，供法院酌定赔偿时参考。

（4）最后还可以申请法院责令侵权人提供与侵权行为相关的账簿、资料。

（四）专利侵权诉讼中的举证责任倒置

在专利权侵权诉讼中，法律规定特定情况下，举证责任由侵权人承担，就是举证责任的倒置。专利权侵权诉讼举证责任倒置主要表现在以下两个方面：

1. 方法专利侵权中举证责任倒置

我国《专利法》第 66 条规定："专利侵权纠纷涉及新产品制造方法的发明专利的，制造同样产品的单位或者个人应当提供其产品制造方法不同于专利方法的证明。"对于方法发明，他人是否使用了与专利权人方法发明相同的技术，专利权人无法知晓和取证，因此法律规定制造同样产品的单位或者个人应当提供其产品制造方法不同于专利方法的证明。

2. "善意"侵权中举证责任倒置

按照我国现行《专利法》的规定，"善意"使用、销售或许诺销售专利侵权产品构成侵权，只是不承担赔偿责任。"善意"是一种主观状态，权利人难以用证据证明，因此法律规定在专利侵权诉讼中，不承担赔偿责任的举证责任在被告。我国《专利法》第 72 条规定："为生产经营目的使用、许诺销售或者销售不知道是未经专利权人许可而制造并售出的专利侵权产品，能证明该产品合法来源的，不承担赔偿责任。"

需要注意两点，一是司法实践中，侵权人要证明自己为"善意"，须证明自己从合法渠道以合理价格获得的专利侵权产品进行使用、销售和许诺销售，方构成"善意"、不承担赔偿责任；这种情况下，专利权人可以向侵权产品提供者主张权利，不影响专利权人权利的实现。二是在专利权人向"善意"使用、销售者提出侵权主张后，"善意"使用、销售者要承担停止侵权的法律责任，如果再有使用、销售和许诺销售行为，则要承担相应的赔偿责任。

三、原告可以采取的司法措施

侵权人在得知被控侵权后，可能快速销毁侵权证据、转移侵权产品，对于权利人维护自己的合法权益极为不利，因此《专利法》规定专利权人或利害关系人，可以在起诉前向人民法院申请采取责令停止有关行为和财产保全的措施。我国《专利法》第 73 条规定："为了制止专利侵权行为，在证据可能灭失或者以后难以取得的情况下，专利权人或者利害关系人可以在起诉前依法向人民法院申请保全证据。"

为了防止申请人滥用此项权利，申请人自人民法院采取保全措施之日起 15 日内不起诉的，人民法院应当解除该措施。

第三节　专利侵权诉讼中被告抗辩事由

在具体专利侵权案件中，被控侵权人要根据专利权人的诉讼请求和提交的证据，选择可行的抗辩事由。专利侵权诉讼中可能存在的抗辩事由主要有以下几种。

一、滥用专利权抗辩

首先审查一下原告的专利权是否有效，如果存在以下情形，即可提出专利权滥用的抗辩：

（1）被告以原告的专利权已经超过保护期、已经被权利人放弃、已经被中国专利局撤销或者已经被专利复审委员会宣告无效进行抗辩的，应当提供相应的证据。

（2）被告以原告的专利权不符合专利性条件或者其他法律规定，应当被宣告无效的，其无效宣告请求应当向专利复审委员会提出，被告应在答辩期内向人民法院提交专利权无效宣告受理通知书。

二、不侵权抗辩

如果经审查，原告的专利权有效，则通过技术特征比较，寻找不侵权的依据，如果存在下列情形之一的，不构成侵权：

（1）被控侵权物（产品或方法）缺少原告的发明或者实用新型专利权利要求中记载的某一项或多项必要技术特征，不构成侵犯专利权。

（2）被控侵权物（产品或方法）的技术特征与原告专利权利要求中对应必要技术特征相比，有一项或者一项以上的技术特征有了本质区别，不构成侵犯专利权。

三、不视为侵权抗辩

经审查原告的专利权有效，比较被控侵权产品涵盖了专利权技术方案的必要特征，只能根据我国《专利法》第 75 条的规定，主张不视为侵权的行为之抗辩。即前面讲述过的专利权用尽、先用权、临时过境、科学研究与实验性使用、行政审批使用等不视为侵权的情形。

四、现有技术抗辩

现有技术抗辩指该专利技术应当是一项在专利申请日前已有的、单独的技术方案，或者该领域普通技术人员认为是已有技术的显而易见的简单组合成的技术方案。

现有技术抗辩仅适用于等同专利侵权，不适用于相同专利侵权的情况。当专利技术方案、被控侵权物（产品或方法）、被引证的已有技术方案三者明显相同时，被告不得依现有技术进行抗辩，而可以向专利复审委请求宣告该专利权无效。《专利法》第 67 条规定："在专利侵权纠纷中，被控侵权人有证据证明其实施的技术或者设计属于现有技术或者现有设计的，不构成侵犯专利权。"

五、合同抗辩

合同抗辩是指专利侵权诉讼的被告，以其实施的技术是通过技术转让合同从第三人处合法取得的为理由进行侵权抗辩。此抗辩理由不属于对抗侵犯专利权的理由，只是承担侵权责任的抗辩理由。

专利侵权诉讼中的被告以合同抗辩的同时，要求追加合同的转让方为共同被告的，如果原告同意追加，则应当将合同的转让方追加为共同被告；如果原告坚持不同意追加，在合同的受让方承担侵权责任后，可以另行通过合同诉讼或仲裁解决合同纠纷。

六、诉讼时效抗辩

侵犯专利权的诉讼时效为三年，自专利权人或者利害关系人得知或者应当得知侵权行为之日起计算。专利侵权诉讼时效是权利人依照民事诉讼法规定向人民法院提起民事诉讼，请求人民法院判令被指控侵权人停止侵权行为的诉讼期间。在权利人提起诉讼时，如果诉讼时效已经届满并且没有法律规定的中止、中断或延长情节的，权利人将丧失胜诉的权利，法院将依职权驳回权利人的诉讼请求。

第六编

其他重要的知识产权

第二十四章　植物新品种权

第一节　植物新品种保护制度概述

一、植物新品种的定义

《国际植物新品种保护公约》（以下本章简称《公约》）将"品种"定义为"已知植物最低分类单元中单一的植物群，不论授予品种权的条件是否充分满足，该植物群可以是：以某一特定基因型或基因型组合表达的特性来确定；至少表现出上述的一种特性，以区别于任何其他植物群，并且作为一个分类单元，其适用性经过繁殖不发生变化"。一般认为，植物新品种是指经过人工培育的或者对发现的野生植物予以开发，具备新颖性、特异性、一致性和稳定性并有适当命名的植物品种。

植物新品种的产生，来源于人们对植物的人工培育或对野生植物的开发。种业是农业和林业的"芯片"。植物新品种的培育，提高了农作物和林业的质量，减少了因病虫灾害所产生的损失，对于促进国民经济的健康发展和社会稳定具有极为重要的意义。因此，必须建立激励和保护原始创新的植物品种法律制度，授予植物新品种培育者以排他（独占）权以保证其先前的投资获得合理回报，肯定创新者的精神权利和经济权利。

二、植物新品种保护制度的沿革

（一）国际公约

20 世纪后半叶以来，发达国家将生物作为知识产权的客体的趋势兴起，植物品种的保护（或植物育种者权利）即起源于此期间在发达国家占优势的经济体制和农业环境。

1957 年，法国邀请 12 个国家和保护知识产权联合国际局、联合国粮农组织和欧洲经济合作组织，参加在法国召开的第一次植物新品种保护外交大会，形成会议决议。在此基础上，于 1961 年在巴黎签订并讨论通过了《公约》。作为一种日渐普遍的新型知识产权，植物品种权反映了私人育种者对保护其知识产权日益增长的关注。为适应国际形势，《公约》分别于 1972 年和 1978 年在日内瓦进行了修订，并于 1991 年由国际植物新品种保护联盟重新颁布，向联合国秘书处登记。

在保护内容上，《公约》旨在确认各成员国保护植物新品种育种者对其育成的品种的排他独占权，他人未经品种权人的许可，不得生产和销售植物新品种，或需向育种者交纳一定的费用。在保护原则上，《公约》采用国民待遇与互惠兼顾的原则；在保护方式上，成员可以自由选择专门法或专利法或二者并用的方式保护植物新品种；在保护内容上，受保护的植物可以无种类限制，但保护期有差别。与 1978 年文本相比，1991 年文本提高了植物新品种的保护水平，并扩大了适用的范围。《公约》是迄今为止对保护植物新品种规定最为详细、参加国最多的国际公约，其 1991 年文本是迄今为止有关植物新品种保护的最权威的法律。

TRIPS 协定规定，取得植物新品种的保护须申请。申请人在任何一个成员方第一次提出申请后，12 个月内可在公约其他成员方享有优先权。此外，同一个植物新品种在不同成员方所受的保护互相独立。为了进一步加强对植物新品种的国际保护，TRIPS 协定第 27 条第 3 款规定："各成员应规定通过专利方式或者一种有效的特殊制度或两者的结合对植物新品种给予保护。"可见，TRIPS 协定实际上是承继了《公约》的保护方式。

（二）我国的植物新品种保护制度

（1）制定行政法规。我国《专利法》第 25 条规定，植物品种不属于专利法的保护对象。为了加强对植物新品种的保护，鼓励培育和使用植物新品种，促进农业和林业的发展，我国于 1997 年 3 月 20 日由国务院发布了《中华人民共和国植物新品种保护条例》（以下简称《植物新品种保护条例》），开启了我国植物新品种保护的法律大门，并历经 2013 年和 2014 年两次修正。虽然《植物新品种保护条例》法律位阶低于专门法保护，但其最新修订草案对植物新品种保护的范围、强度和力度大大提升，也逐步与国际接轨，为未来由条例上升为法奠定了基础。

（2）加入国际公约。1998 年第九届全国人民代表大会常务委员会第四次会议决定，加入《国际植物新品种保护公约》（1978 年文本）。同时声明，在中华人民共和国政府另行通知之前，该文本暂不适用于香港特别行政区。

当前多数发达国家较广泛适用植物新品种保护水平更高、技术更完善的 1991 年文本。我国在《植物新品种保护条例》修订时也借鉴了 1991 年文本的先进和科学之处，引入了实质性派生品种保护制度（即 EDV 制度），鼓励原始创新，强化植物新品种权保护。

（3）出台配套部门规章。根据 UPOV（国际植物新品种保护联盟）国际公约精神和《植物新品种保护条例》规定，为了配合《公约》，原农业部自 1999 年先后出台了与《植物新品种保护条例》配套的部门规章，如《中华人民共和国植物新品种保护条例实施细则（农业部分）》（2014 年修正）、《农业部植物新品种复审委员会审理规定》、《农业植物新品种权侵权案件处理规定》；1999 年，原国家林业局公布了《中华人民共和国植物新品种保护条例实施细则（林业部分）》（2011 年修正）就此基本上形成了一整套的保护植物新品种的法律体系。

（4）公布司法解释。2000 年通过《最高人民法院关于审理植物新品种纠纷案件若干问题的解释》，2006 年通过《最高人民法院关于审理侵犯植物新品种权纠纷案件具体应用法律问题的若干规定》，后根据《民法典》《种子法》等有关规定，上述两个司法解释于 2020 年修正，保证司法审判正确适用法律。

（5）上升为国家战略。2008 年国发〔2008〕18 号文件《国务院关于印发国家知识产权战略纲要的通知》，将"植物新品种"列为知识产权保护七个专项任务之一，从而植物新品种保护上升为国家知识产权战略的内容。

（6）《种子法》单列一章。2016 年起施行新修订的《种子法》，将新品种保护单列为第四章，该法第 25 条至第 30 条包括国家实行植物新品种保护制度，植物新品种权利唯一性，植物新品种名称命名规则，植物新品种权人享有排他独占权，科研和农民自繁自用豁免及实施强制许可等规定。

（7）列入《民法典》。《民法典》的颁布实施为植物新品种保护提供了强力法律支撑。《民法典》总则编第 123 条第 1 款明确民事主体依法享有知识产权；第 2 款将植物新品种明确为知识产权的权利客体，与专利、商标、作品、商业秘密等权利客体并驾齐驱，同样重视，同等保护。

第二节　植物新品种权的内容、归属及限制

一、植物新品种保护的法定条件

根据我国《植物新品种保护条例》及其实施细则，植物新品种必须具备以下条件才能受到法律保护：

（1）申请品种权的植物新品种应当属于国家植物品种保护名录中列举的植物的属或者种。

（2）授予品种权的植物新品种应具有特异性。特异性是指申请品种权的植物新品种在申请日前该品种繁殖材料未被销售，或者经育种者许可在中国境内销售该品种繁殖材料未超过 1 年，在中国境外销售藤本植物、林木、果树和观赏树木品种繁殖材料未超过 6 年，销售其他植物品种繁殖材料未超过 4 年。

（3）授予品种权的植物新品种应当具备一致性，即申请品种权的植物新品种经过繁殖，除可以预见的变异外，其相关的特征或特性一致。

（4）授予品种权的植物新品种应当具备稳定性，即申请品种权的植物新品种经过反复繁殖后或者在特定繁殖周期结束时，其相关的特征或者特性保持不变。

（5）授予品种权的植物新品种应当具备适当的名称，并与相同或者相近的植物属或者种中已知品种的名称相区别。该名称经注册登记后即为该植物新品种的通用名称。

（6）不危害公共利益、生态环境。《植物新品种保护条例实施细则（农业部分）》第 4 条规定，对危害公共利益和生态环境的植物新品种不授予品种权。

二、植物新品种权的内容

《植物新品种保护条例》第 6 条规定："完成育种的单位或者个人对其授权品种，享有排他的独占权。任何单位或者个人未经品种权所有人（以下简称品种权人）许可，不得为商业目的生产或者销售该品种的繁殖材料，不得为商业目的将该授权品种的繁殖材料重复使用于生产另一品种的繁殖材料；但是，本条例另有规定的除外。"根据该条规定，品种权人享有的权利主要表现为一种排他权，即禁止他人未经许可利用其授权品种的权利。

具体而言，品种权人享有的权利主要有：

（1）生产权。生产权指品种权人有权禁止他人未经其许可，为商业目的生产该授权品种的繁殖材料。在农业方面，繁殖材料是指可繁殖植物的种子和植物体的其他部分。在林业上则是指整株植物（包括苗木）、种子（包括根、茎、叶、花、果实等）以及构成植物体的任何部分（包括组织、细胞）。按照这一规定，品种权不能延及从授权品种的繁殖材料中所收获的产品，如粮食、水果、蔬菜等。

（2）销售权。指授权品种的繁殖材料的销售行为需要经过品种权人的许可。销售是实现品种权人经济利益的重要方式之一，品种权人有权禁止未经其许可销售该授权品种的繁殖材料的行为。

（3）使用权。指品种权人有权禁止他人未经许可将该授权品种的繁殖材料为商业目的重复使用于生产另一品种的繁殖材料。对于非生产繁殖材料用途的其他使用，如生产农作物，品种权人则无权禁止。

（4）名称标记权。指品种权人在自己的授权品种包装上标明品种权标记的权利。根据《植物新品种保护条例》及其实施细则，新品种命名不得有以下情形：仅以数字组成；违反国家法律或者社会公德，或者带有民族歧视性；以国家名称命名；以县级以上行政区划的地名或者公众知晓的外国地名命名；同政府间国际组织或者其他国际国内知名组织及标识名称相同或者近似；对植物新品种的特征、特性或者育种者的身份等容易引起误解；属于相同或相近植物属或者种的已知名称；夸大宣传。

（5）许可权。根据品种权人拥有的独占权，品种权人不仅自己可以实施授权品种，还有权许可其他单位或者个人实施。许可他人实施的，双方应订立书面合同，明确规定双方的权利和义务，如许可的内容（生产、销售、使用），数量，区域范围以及利益分配等。

（6）转让权。系指品种权人对自己拥有的新品种申请权和品种权的处分权。新品种的申请权也是一项独立的财产权，品种权人转让申请权或者品种权的，应当与受让方订立书面合同，并由审批机关登记和公告。

（7）追偿权。品种权获得授予后，在初步审查合格公告之日起至被授予品种权之日止的期间内，对未经申请人许可而为商业目的生产或者销售该授权品种的繁殖材料的单位和个人，品种权人依法享有追偿的权利。

三、植物新品种权的归属

（一）职务育种人的基本权利

根据《植物新品种保护条例》的规定，我国对职务育种人的权利保护主要分为精神权利和经济权利两部分。

（1）署名权。各种规范性文件应当在植物新品种权有关文件中标明职务育种人的姓名。外人在利用职务育种人培育的植物新品种时，也应当在利用中声明或标注育种人的姓名。该权利不可由单位享有或继承。如果植物新品种是由多人合作培育的，那么这些人都有权利约定是否享有署名权。可以署职务育种人的真名或别名等。

（2）获益权。相较于有形的物权而言，职务育种人的获益权范围将受到较多的限制，比如，该权利享有一定的时间期限，过期即进入公共领域。具体而言，获益权主要体现在职务育种人可以获得荣誉奖励以及金钱等物质奖励。

（3）优先权。优先权主要包括优先申请权和优先受让权。我国在《植物新品种保护条例》中原则规定，可以将植物新品种权的申请权与品种权进行转让，并没有明确规定职务育种人的优先申请权和优先受让权。但根据合同法中的相关规定，职务育种人应当在单位放弃申请或者在转让由其培育的植物新品种权时拥有在"同等条件下的"优先权。

（二）单位与职务育种人之间的权利分配关系

《植物新品种保护条例》第 7 条对"执行本单位任务"或"主要是利用本单位物质条件完成的职务育种"的归属权进行了一般性规定。执行本单位的任务或者主要是利用本单位的物质条件所完成的职务育种，植物新品种的申请权属于该单位；非职务育种，植物新品种的申请权属于完成育种的个人。植物新品种的申请权可以依法转让。申请被批准后，品种权属于申请人。委托育种或者合作育种，品种权的归属由当事人在合同中约定；没有合同约定的，品种权属于受委托完成或共同完成育种的单位或者个人。

四、植物新品种权的限制

（一）合理使用

利用授权品种进行育种及其他科研活动，农民自繁自用授权品种的繁殖材料，均可以不经品种权人许可，不向其支付使用费，但不得侵犯品种权人的其他权利。

（二）强制许可

为了国家利益或者公共利益，审批机关可以作出实施植物新品种的强制许可的决定，并予以登记和公告。取得实施强制许可的单位或者个人应当付给品种权人合理的使用费，其数额由双方商定；双方不能达成协议的，由审批机关裁决。

品种权人对强制许可或强制许可使用费的裁决不服的，可以自收到通知之日起 3 个月内向人民法院提起诉讼。根据《植物新品种保护条例实施细则（林业部分）》第 9 条的规定："有下列情形之一的，国家林业局可以作出或者依当事人的请求作出实施植物新品种强制许可的决定：1. 为满足国家利益或者公共利益等特殊需要；2. 品种权人无正当理由自己不实施或者实施不完全，又不许可他人以合理条件实施的。请求植物新品种强制许可的单位或者个人，应当向国家林业局提出强制许可请求书，说明理由并附具有关证明材料各一式两份。"请求国家林业局裁决植物新品种强制许可使用费数额的，当事人应当提交裁决请求书，并附具不能达成协议的有关材料。国家林业局自收到裁决请求书之日起 3 个月内作出裁决并通知有关当事人。

第三节　植物新品种权的期限、终止和无效

植物新品种培育完成后，必须由完成植物新品种的单位或个人或其受让人向国家主管部门申请，经主管部门审查和批准后，才能取得植物新品种权。

一、植物新品种权的期限

按照我国《植物新品种保护条例》第34条，植物新品种权有保护期限，自授权之日起，藤本植物、林木、果树和观赏树木为20年，其他植物为15年。可见，我国对植物新品种的保护期限长于《公约》1978年文本的时间下限，但短于1991年文本的要求。期限的确定具有法律上的意义，品种权人应当自被授予品种权的当年开始缴纳年费，并按照审批机关的要求提供用于检测的该授权品种的繁殖材料。

二、植物新品种权的终止

有下列情形之一，品种权在其保护期限届满前终止：

（1）品种权人以书面声明放弃品种权的；

（2）品种权人未按照规定缴纳年费的；

（3）品种权人未按照审批机关的要求提供检测所需的该授权品种的繁殖材料的；

（4）经检测该授权品种不再符合被授予品种权时的特征和特性的。

品种权的终止，由审批机关登记和公告。

三、植物新品种权的无效

自审批机关公告授予品种权之日起，植物新品种复审委员会可

以依据职权或依据任何单位或者个人的书面请求，对不符合《植物新品种保护条例》所规定的特异性、一致性和稳定性条件的植物新品种，宣告品种权无效；对不符合名称规定的予以更名。宣告品种权无效或者更名的决定，由审批机关登记和公告，并通知当事人。品种权人或无效宣告请求人对植物新品种复审委员会的决定不服的，可以自收到通知之日起 3 个月内向人民法院提起诉讼。

被宣告无效的品种权视为自始不存在。宣告品种权无效的决定，对在宣告前人民法院作出并已执行的植物新品种侵权的判决、裁定，省级以上人民政府农业、林业行政部门作出并已执行的植物新品种侵权处理决定，以及已经履行的植物新品种权实施许可合同和植物新品种权转让合同，不具有追溯力；但是，因品种权人恶意给他人造成损失的，应当给予合理赔偿。依前述规定品种权人或者品种权转让人不向被许可实施人或受让人返还使用费或转让费，明显违反公平原则的，品种权人或者品种权转让人应当向被许可实施人或者受让人返还全部或者部分使用费或者转让费。

第四节 侵犯植物新品种权的法律责任

侵犯他人合法权益的行为需要承担相应的法律责任。我国《植物新品种保护条例》对于侵犯植物新品种权的行为分别规定了应承担的民事责任、行政责任和刑事责任。

（一）民事责任

农业植物新品种侵权案件是指未经品种权人许可，以商业目的生产或销售授权品种的繁殖材料以及将该授权品种的繁殖材料重复使用于生产另一品种的繁殖材料的行为。侵权人主要承担停止侵害、赔偿损失等民事责任。

（二）行政责任

行政保护是国家行政管理机关运用法定行政权力，通过法定行政程序，用行政手段对品种权实施的法律保护。包括对品种权予以法律上的确认与授权，对权利归属纠纷进行审查与裁决等。《植物新品种保护条例》明确规定，行政部门依据各自的职权处理品种权侵权案件时，可以责令侵权人停止侵权行为、没收违法所得、罚款等。

（三）刑事责任

《刑法》第六章第七节专节规定了侵犯知识产权罪，但对侵害植物新品种权的犯罪并未作出规定。《植物新品种保护条例》第40条仅从一般层面规定，假冒授权品种，情节严重，构成犯罪的，依法追究刑事责任。第44条对工作人员职务犯罪作出具体规定："县级以上人民政府农业、林业行政部门及有关部门的工作人员滥用职权、玩忽职守、徇私舞弊、索贿受贿，构成犯罪的，依法追究刑事责任。"

第二十五章　集成电路布图设计权

第一节　集成电路布图设计的概念

集成电路是以蚀刻工艺技术将特定模型置于两层以上金属的绝缘物或半导体的涂层之上，并使其发挥电子电路技术功能的电子产品。按照 1989 年世界知识产权组织《关于集成电路的知识产权条约》（以下简称《华盛顿条约》）的解释，它是指"一种产品，包括最终形态和中间形态，是将多个元件，其中至少有一个是有源元件，和部分或全部互连集成在一块半导体材料之中或之上，以执行某种电子功能"。

《集成电路布图设计保护条例》（以下本章简称《条例》）将集成电路定义为："集成电路，是指半导体集成电路，即以半导体材料为基片，将至少有一个是有源元件的两个以上元件和部分或者全部互连线路集成在基片之中或者基片之上，以执行某种电子功能的中间产品或者最终产品。"

集成电路是现代电子信息的基础，它具有体积小、速度快、能耗低的特点，被广泛应用于各种电子产品之中。集成电路是一种综合性技术成果，它包括布图设计和工艺技术。所谓布图设计又称掩模作品或拓扑图，是附着于各种载体上的电子元件和连接这些元件的连线的有关布局设计。

在《华盛顿条约》定义条款中，布图设计是指"集成电路中多个元件，其中至少有一个是有源元件，和其部分或全部集成电路互连的三维配置，或者是指为集成电路的制造而准备的这样的三维配置"。

《条例》对布图设计的定义与《华盛顿条约》的定义同出一辙，"集成电路布图设计（以下简称布图设计），是指集成电路中至少有一个是有源元件的两个以上元件和部分或者全部互连线路的三维配置，或者为制造集成电路而准备的上述三维配置"。布图设计或是以掩模图形的方式存在于掩模板上，或是以图形的方式存在于芯片表面和表面下的不同深度处，或是以编码方式存在于磁盘、磁带等介质中。

第二节　集成电路布图设计的立法保护

一、集成电路布图设计的立法保护的必要性

集成电路的布图设计，通常需要相当的资金投入和专业的人力资源投入，而复制这种布图设计所需经费很少，依照拍摄电路涂层所得到的照片掩模即可便捷地完成复制工作。因此有必要采用立法形式保护集成电路布图设计。

集成电路布图设计实质上是一种图形设计，但并非工业品外观设计，不能适用专利法保护。其理由是：布图设计并不取决于集成电路的外观，而决定于集成电路中具有电子功能的每一元件的实际位置；布图设计尽管需要专业人员的大量劳动，但设计方案不会有多大改变，其设计的主旨在于提高集成度、节约材料、降低能耗，因此不具备创造性的专门要求；集成电路技术发展迅速，产品更新换代很快，所以布图设计不适宜采用耗费时间较多的专利审批程序。

集成电路布图设计是一种三维配置形态的图形设计，但其并不属于著作权意义上的图形作品或造型艺术作品。其理由是：图形作品是由文字、图形或符号构成的，是一定思想的表现形式；布图设计由电子元件及其连线所组成，它执行着某种电子功能，而不表现

任何思想。造型艺术作品基于其"艺术性"而非"实用性"才受到著作权法的保护；而布图设计是多个元件合理分布并相互关联的三维配置，是一种电子产品，不以其"艺术性"作为法律保护的条件。此外，著作权保护期较长，如果将布图设计作为一般作品保护，不利于布图设计的创新与集成电路产业的发展。

二、其他国家对集成电路布图设计的立法保护

1989 年 5 月，世界知识产权组织在华盛顿召开的专门会议上通过了《华盛顿条约》。该条约对布图设计的客体条件、保护的法律形式、缔约国之间的国民待遇、专有权保护范围、手续程序及保护期限作了具体规定。世界贸易组织《知识产权协定》专节规定了集成电路布图设计的保护问题，其缔约方确认按照上述条约的有关规定对布图设计提供保护。

三、我国集成电路布图设计的立法保护

加入世界贸易组织后，为了保护集成电路布图设计专有权，鼓励集成电路技术的创新，促进科学技术的发展，同时也是为了履行保护集成电路布图设计方面应承担的国际义务，2001 年 3 月 28 日国务院通过了《集成电路布图设计保护条例》，于 2001 年 10 月 1 日生效。

第三节 集成电路布图设计专有权

集成电路布图设计专有权是一项独立的知识产权，是权利持有人对其布图设计进行复制和商业利用的专有权利。

一、集成电路布图设计专有权的取得

（一）主体资格

《条例》第 3 条的规定："中国自然人、法人或者其他组织创作

的布图设计，依照本条例享有布图设计专有权；外国人创作的布图设计首先在中国境内投入商业利用的，依照本条例享有布图设计专有权；外国人创作的布图设计，其创作者所属国同中国签订有关布图设计保护协议或者与中国共同参加有关布图设计保护国际条约的，依照本条例享有布图设计专有权。"

（二）客体条件

合格的客体必须是具有独创性的布图设计。《条例》第 4 条对此作出明确规定。布图设计的"独创性"与版权法中作品的"独创性"具有不同的含义。在著作权法上，独创性通常被理解为作者的独立创作，一般没有创作水平或高度的要求。布图设计的独创性具有两层含义：第一，该布图设计必须是其创作人自己智力创造的结果，而不是简单复制他人的布图设计，或者只是对他人的布图设计进行简单的修改。第二，该布图设计应具备一定的先进性。该布图设计在创作完成时在创作人当中以及在集成电路行业当中，具有一定的先进性，不能是常用、显而易见的或者为人所熟知的。对于那些含有常用的、显而易见的成分的布图设计，只有当其作为一个整体具有独创性时，才能受到法律保护。

《华盛顿条约》第 3 条第 2 款规定："（A）第 1 款（A）项所指义务适用于具有独创性的布图设计。此种意义的独创性，是指它们是其创作者自己智力创造的结果，并且在创作的时候在布图设计者之间以及集成电路生产者之间不是显而易见的；（B）由显而易见的元件和与集成电路的互连结合而构成的布图设计，只有当这种结合作为一个整体，符合（A）项的条件时才能受到保护。"我国《条例》第 4 条第 1 款规定："受保护的布图设计应当具有独创性，即该布图设计是创作者自己的智力劳动成果，并且在其创作时该布图设计在布图设计创作者和集成电路制造者中不是公认的常规设计。"第 2 款同时规定："受保护的由常规设计组成的布图设计，其组合作为整体应当符合前款规定的条件。"

（三）方式与程序

我国实行登记取得制度。登记的程序大致包括申请、审查、驳回复议、登记以及公告。根据《条例》的规定，我国的布图设计登记程序的主要内容如图1所示。

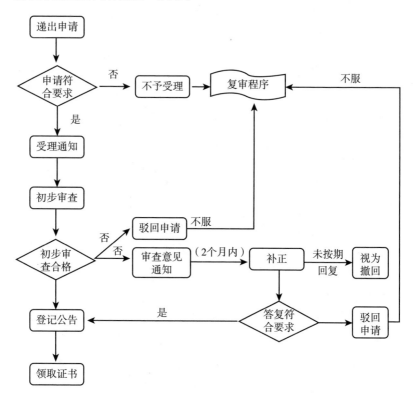

图1　集成电路布图设计登记流程

（1）申请。在申请登记时，应向国务院知识产权行政部门提交下列文件：布图设计登记申请表、布图设计的复制件或者图样、含有该布图设计的集成电路样品（针对已投入商业利用的）以及国务院知识产权行政部门规定的其他材料。

（2）初审。国务院知识产权行政部门在收到申请人的申请后，对申请进行初步审查。

（3）登记并公告。《条例》第 18 条规定："布图设计登记申请经初步审查，未发现驳回理由的，由国务院知识产权行政部门予以登记，发给登记证明文件，并予以公告。"

（4）对驳回申请的复审。《条例》没有规定驳回申请的情形和理由，从第 18 条可知，国务院知识产权行政部门发现驳回理由的，就要驳回申请，不予登记。根据第 19 条的规定："布图设计登记申请人对国务院知识产权行政部门驳回其登记申请的决定不服的，可以自收到通知之日起 3 个月内，向国务院知识产权行政部门请求复审。国务院知识产权行政部门复审后，作出决定，并通知布图设计登记申请人。布图设计登记申请人对国务院知识产权行政部门的复审决定仍不服的，可以自收到通知之日起 3 个月内向人民法院起诉。"

（5）登记的撤销。《条例》第 20 条规定："布图设计获准登记后，国务院知识产权行政部门发现该登记不符合本条例规定的，应当予以撤销，通知布图设计权利人，并予以公告。布图设计权利人对国务院知识产权行政部门撤销布图设计登记的决定不服的，可以自收到通知之日起 3 个月内向人民法院起诉。"

二、集成电路布图设计权的内容及其行使

（一）集成电路布图设计权的内容

集成电路布图设计权的内容主要包括两种权利：复制权和商业利用权。

（1）复制权。所谓复制权，就是指权利人有权通过光学的、电子学的方式或其他方式来复制其受保护的布图设计。对布图设计的复制，是通过这样几个步骤实现的：首先将含有布图设计的半导体芯片通过化学方法把半导体材料溶解，使体现在上面的布图设计暴露出来，然后用特制的照相机将各个涂层上的布图设计拍摄下来进行放大处理，再按照片输入到计算机中进行处理（可能不作任何改动，也可能进行修改），然后制成布图设计的掩模版（平面的），再

按照集成电路的制作过程将版图体现在集成电路上，成为布图设计。这一过程，与其说是复制，倒不如说是实施。因此，我国《条例》将"复制"定义为"重复制作布图设计或者含有该布图设计的集成电路的行为"。

（2）商业利用权。商业利用权，就是布图设计权人享有的将受保护的布图设计以及含有该受保护的布图设计的集成电路或含有此种集成电路的产品进行商业利用的权利。商业利用一般包括对受保护的布图设计或含有受保护布图设计的集成电路或含有此种集成电路的产品所实施的以下几种行为：①出售；②出租；③为商业目的的其他方式的利用，如展览、陈列等；④为上述目的而进口；⑤为前述行为发出要约。《条例》对"商业利用"的定义是"为商业目的进口、销售或者以其他方式提供受保护的布图设计、含有该布图设计的集成电路或者含有该集成电路的物品的行为"。此外，权利人按照集成电路法所享有的权利，并不影响权利人根据其他法律对布图设计所享有的权利，如专利权、工业设计权或者版权。

（二）集成电路布图设计权的行使

布图设计权的行使，主要包括三种形式：自己对布图设计进行复制或者商业利用；将布图设计权转让给他人所有；许可他人对布图设计进行复制和商业利用。后两者亦称为布图设计权的利用，现分述之：

1. 集成电路布图设计权的转让

所谓布图设计权的转让，就是权利人将其全部权利转让给受让人享有。原权利人丧失了对集成电路的布图设计的一切权利，全部权利都由受让人享有。布图设计权的转让，只能就全部权利进行转让，不能只转让部分权利而保留另一部分权利。

我国《条例》第22条第2款规定："转让布图设计专有权的，当事人应当订立书面合同，并向国务院知识产权行政部门登记，由国务院知识产权行政部门予以公告。布图设计专有权的转让自登记之日起生效。"

2. 集成电路布图设计权的许可

布图设计权的许可属于技术转让行为，主要在技术转让法或相关法律中规定。《条例》也只是简单规定，许可他人使用其布图设计的，当事人应当订立书面合同。

三、集成电路布图设计专有权的保护

（一）国际保护概况

1989 年通过的《保护集成电路知识产权条约》，对布图设计的客体条件、保护形式、国民待遇、专有权保护范围、获权程序以及保护期限等作出具体规定。1994 年《知识产权协定》专门规定集成电路布图设计的保护，并要求各成员方确认按照有关规定对布图设计给予保护。这也标志着，对集成电路布图设计提供保护已经成为世界贸易组织所有成员的义务。

（二）保护期限

《条例》第 12 条规定："布图设计专有权的保护期为 10 年，自布图设计登记申请之日或者在世界任何地方首次投入商业利用之日起计算，以较前日期为准。但是，无论是否登记或者投入商业利用，布图设计自创作完成之日起 15 年后，不再受《条例》保护。"

（三）侵权行为

侵权行为有很多种类，对于布图设计而言，主要包括非法复制和非法进行商业利用。《条例》第 30 条规定将侵权行为分为两种：一是未经布图设计权利人许可，复制受保护的布图设计的全部或者其中任何具有独创性的部分的行为；二是未经布图设计权利人许可，为商业目的进口、销售或者以其他方式提供受保护的布图设计、含有该布图设计的集成电路或者含有该集成电路的物品的行为。

（四）侵权行为的法律责任

1. 侵权行为的责任形式

《条例》规定了侵犯布图设计专有权的民事和行政责任。关于

民事责任，根据《条例》第 30 条的规定，侵权行为人必须立即停止侵权行为，并承担赔偿责任。侵犯布图设计专有权的赔偿数额，为侵权人所获得的利益或者被侵权人所受到的损失，包括被侵权人为制止侵权行为所支付的合理开支。关于行政责任，《条例》第 31 条规定，国务院知识产权行政部门在处理因侵权而引起的纠纷时，如果认定侵权成立，可以责令侵权人立即停止侵权行为，没收、销毁侵权产品或者物品。当事人不服的，可以自收到通知之日起 15 日内依照《中华人民共和国行政诉讼法》向人民法院起诉；侵权人期满不起诉又不停止侵权行为的，国务院知识产权行政部门可以请求人民法院强制执行。

2. 即发侵权的制止

《条例》第 32 条规定："布图设计权利人或者利害关系人有证据证明他人正在实施或者即将实施侵犯其专有权的行为，如不及时制止将会使其合法权益受到难以弥补的损害的，可以在起诉前依法向人民法院申请采取责令停止有关行为和财产保全的措施。"

四、集成电路布图设计专有权的限制

（一）合理使用

1. 为个人目的复制。《条例》第 23 条第（1）项规定，为个人目的而复制受保护的布图设计可以不经权利人许可，不向其支付报酬。

2. 供教学研究而复制。《条例》第 23 条第（1）项规定，单纯为评价、分析、研究、教学等目的而复制受保护的布图设计的，可以不经权利人许可，不向其支付报酬。

（二）反向工程

所谓反向工程，是指对他人的布图设计进行分析、评价，然后根据这种分析评价的结果创作出新的布图设计。许多先进的布图设计就是在分析他人已有的布图设计的基础之上而创作出来的。如果此种行为被视为侵权，必将因此而阻碍布图设计技术的进步，影响集成电路产业的发展。

《条例》第 23 条第（2）项规定，在依据前项评价、分析受保护的布图设计的基础上，创作出具有独创性的布图设计的，可以不经权利人许可，不向其支付报酬。

（三）权利穷竭

集成电路法中所称的权利穷竭，是指布图设计权人或经其授权的人，将受保护的布图设计或含有该布图设计的半导体集成电路产品投入市场以后，对与该布图设计或该半导体集成电路产品有关的任何商业利用行为，不再享有权利。《条例》第 24 条规定："受保护的布图设计、含有该布图设计的集成电路或者含有该集成电路的物品，由布图设计权利人或者经其许可投放市场后，他人再次商业利用的，可以不经布图设计权利人许可，并不向其支付报酬。"

（四）善意买主

根据《条例》第 33 条的规定，在获得含有受保护的布图设计的集成电路或者含有该集成电路的物品时，不知道也没有合理理由应当知道其中含有非法复制的布图设计，而将其投入商业利用的，不视为侵权。不过，善意买主得到其中含有非法复制的布图设计的明确通知后，可以继续将现有的存货或者此前的订货投入商业利用，但应当向布图设计权利人支付合理的报酬。

（五）强制许可

强制许可，又称非自愿许可，是指在不经权利人同意的情况下由有关主管部门直接发放的使用许可，是对布图设计权利人的一项重要限制。《条例》对非自愿许可也作出了具体规定，包括发放非自愿许可的条件、程序、报酬的确定等事项。

第二十六章　商业秘密

第一节　商业秘密保护制度概述

一、商业秘密概念的界定

商业秘密，一般是指不为公众所知悉，能为权利人带来经济利益，具有实用性并经权利人采取保密措施的技术信息和经营信息。商业秘密是国际上通行的法律术语，TRIPS 协定则将其称为未公开信息。商业秘密包括经营秘密与技术秘密两方面的内容。经营秘密，即未公开的经营信息，是指与生产经营销售活动有关的经营方法、管理方法、产销策略、货源情报、客户名单、标底及标书内容等专有知识。技术秘密，即未公开的技术信息，是指与产品生产和制造有关的技术诀窍、生产方案、工艺流程、设计图纸、化学配方、技术情报等专有知识。

我国在《反不正当竞争法》第 10 条第 3 款规定："本条所称的商业秘密，是指不为公众所知悉、能为权利人带来经济利益、具有实用性并经权利人采取保密措施的技术信息和经营信息。"

二、商业秘密的构成要件

商业秘密的构成要件主要有：

（1）商业秘密必须具有信息性。这里的信息性，是指与工商业活动有关的经营信息和技术信息，而不涉及国家秘密、个人隐私等信息。

（2）商业秘密必须具有保密性。所谓保密性是指商业秘密的持有人在主观上将其所持有的某种信息视为商业秘密并采取客观的保密措施加以管理。TRIPS 协定第 39 条第 2 款对商业秘密的保密性作了如下解释："其在某种意义上属于秘密，即其整体或其要素的确切体现或组合，未被通常涉及该信息有关范围的人普遍所知或者容易获得。"

（3）商业秘密具有未公开性。所谓未公开性是指信息不为公众所知悉，此处的公众并非指一切人。如权利人将自己的商业秘密告知需要使用这种秘密的人或者认为能够保守该秘密的人，并不丧失未公开性。

（4）商业秘密具有实用性。商业秘密能够在生产经营中应用并能带给权利人经济利益，包括现实的或潜在的经济利益和竞争优势。

第二节　商业秘密权的特征及保护

一、商业秘密权的财产权属性

早在 20 世纪 60 年代，国际商会（ICC）就率先将商业秘密视为知识产权，世界知识产权组织在其成立公约中亦暗示商业秘密可以包含在知识产权之内；至 20 世纪 90 年代，TRIPS 协定专门规定了"未公开信息"问题，明确其属于知识产权的范围。

我国《反不正当竞争法》确认了商业秘密的财产属性，并规定侵权人负有赔偿责任。这说明，商业秘密权是一种财产权，即商业秘密的合法控制人采取保密措施，依法对其经营信息和技术信息的专有使用权。与有形财产权不同，商业秘密权的对象是一种无形的信息，不占据一定的空间，不发生有形的损耗，因此其权利是一种无形财产权。就权利内容而言，商业秘密的权利人与有形财产所有权人一样，依法享有占有、使用、收益和处分的权利，即有权对商业秘密进行控制与管理，防止他人采取不正当手段获取与使用商业秘密；有权依法使用自己的商业秘密，并不受他人的干涉；有权通过自己使用或者许可他人使用商业秘密，从而取得相应的经济利益；有权处分自己的商业秘密，包括放弃占有、无偿赠与或转让等。

二、商业秘密权的特征

商业秘密权与其他知识产权具有无形产权的相同的本质属性，但却不具备传统类型知识产权的主要特征。

（一）商业秘密权在权利取得上与普通知识产权不同

商业秘密权的取得无须国家授权，只要其符合法律的规定，便可自动受到法律的保护。这主要是因为商业秘密具有不公开性，不可能由国家来审批。

（二）商业秘密权不受时间和地域的限制

商业秘密具有保密性，只要其不泄露出去，就一直受到法律的保护，故商业秘密权通常无时间上和地域上的限制。

（三）商业秘密权的效力具有相对性

商业秘密权只具有相对的排他性，权利人不能禁止他人对自己开发的商业秘密进行营利性使用。而且，一旦商业秘密泄露出去成为人所共知的信息，则商业秘密持有人也无法再控制其秘密信息，原权利最终无法行使。

（四）商业秘密本身也不同于一般知识产品

在商业秘密中，技术秘密的创造性有高有低，商业信息通常无明显的创造性。因此，在确认一项信息是否属于商业秘密时，该信息的秘密性、新颖性、经济性则成为关键的判断因素。

三、商业秘密权保护的法律制度

（一）侵犯商业秘密的行为

侵犯商业秘密，是指行为人未经权利人（商业秘密的合法控制人）的许可，以非法手段获取商业秘密并加以利用的行为，这里讲的行为人包括：负有约定的保密义务的合同当事人；实施侵权行为的第三人；侵犯本单位商业秘密的行为人。所谓非法手段则包括：直接侵权，即直接从权利人那里窃取商业秘密并加以公开或使用；间接侵权，即通过第三人窃取权利人的商业秘密并加以公开或使用。根据我国《反不正当竞争法》第9条的规定，侵犯商业秘密的具体表现形式主要有以下四种：

（1）以盗窃、利诱、胁迫或其他不正当手段获取权利人的商业秘密。所谓盗窃商业秘密，包括单位内部人员盗窃、外部人员盗窃、内外勾结盗窃等手段；所谓以利诱手段获取商业秘密，通常指行为人向掌握商业秘密的人员提供财物或其他优惠条件，诱使其向行为人提供商业秘密；所谓以胁迫手段获取商业秘密，是指行为人采取威胁、强迫手段，使他人在受强制的情况下提供商业秘密；所谓以其他不正当手段获取商业秘密，是指上述行为以外的其他非法手段，如通过商业洽谈、合作开发研究、参观学习等机会套取、刺探他人的商业秘密等。

（2）披露、使用或允许他人使用以不正当手段获取的商业秘密。所谓披露，是指将权利人的商业秘密向第三人透露或向不特定的其他人公开，使其失去秘密价值；所谓使用或允许他人使用，是指非法使用他人商业秘密的具体情形。需要指出的是，以非法手段获取商业秘密的行为人，如果将该秘密再行披露或使用，即构成双重侵权；倘若第三人从侵权人那里获悉了商业秘密而将秘密披露或使用，同样构成侵权。

（3）违反约定或违反权利人有关保守商业秘密的要求，披露、使用或允许他人使用其所掌握的商业秘密。合法掌握商业秘密的人，可能是与权利人有合同关系的对方当事人，也可能是权利人单位的工作人员或其他知情人，上述行为人违反合同约定或单位规定的保密义务，将其所掌握的商业秘密擅自公开，或自己使用，或许可他人使用，即构成对商业秘密的侵犯。

（4）第三人在明知或应知前述违法行为的情况下，仍然从侵权人那里获取、使用或披露他人的商业秘密。这是一种间接侵权行为。

（二）商业秘密权的国际保护概况

鉴于各国法律对商业秘密权保护的条件限定存在差异，世界贸易组织顺应经济一体化的发展趋势对可受法律保护商业秘密作出统一规定。TRIPS 协定第 39 条规定："在保证按《巴黎公约》（1967年）第 10 条第 2 款的规定为反不正当竞争提供有效保护的过程中，成员应依照本条第 2 款，保护未披露的信息；依照本条第 3 款，保护向政府或政府的代理机构提交的数据。只要有关信息符合下列三个条件：（1）在一定意义上，其属于秘密，也就是说，该信息作为整体或作为其中内容的确切组合，并非通常从事有关该信息工作领域的人们所普遍了解或者容易获得；（2）因其属于秘密而具有商业价值；（3）合法控制该信息之人，为保密已经根据有关情况采取了合理的措施。"①

（三）我国对商业秘密的法律保护

对于侵犯商业秘密的行为，主要采取行政制裁、民事制裁以及刑事制裁的手段。我国《反不正当竞争法》第 17 条规定了侵犯商业秘密的民事责任，因不正当竞争行为受到损害的经营者的赔偿数额，按照其因被侵权所受到的实际损失确定；实际损失难以计算的，按照侵权人因侵权所获得的利益确定。经营者恶意实施侵犯商业秘密行为，情节严重的，可以在按照上述方法确定数额的一倍以上五倍以下确定赔偿数额。赔偿数额还应当包括经营者为制止侵权行为

---

① 郑成思译：《知识产权协定》，学习出版社 1994 年版，第 28 页。

所支付的合理开支。第 21 条规定了相应的行政责任，即对侵犯商业
秘密的行为，由监督检查部门责令停止违法行为，没收违法所得，
处十万元以上一百万元以下的罚款；情节严重的，处五十万元以上
五百万元以下的罚款。我国《刑法》第 219 条规定了侵犯商业秘密
罪，情节严重的，处三年以下有期徒刑，并处或者单处罚金；情节
特别严重的，处三年以上十年以下有期徒刑，并处罚金。

第三节　商业秘密保护的限制

商业秘密权的限制是从权利限制角度进行定义，同时也被称为
商业秘密侵权行为的例外情形，这是以除外手段对侵权判定类型进
行描述。商业秘密权的限制主要表现在以下几个方面。

一、独立开发

即通过自己创造性的智力劳动获得与他人技术秘密相同的信息
的行为，商业秘密权利人不能禁止他人自行研究出相同的商业秘密，
也不能禁止他人对自行研制出来的商业秘密采用商业秘密权保护。

二、反向工程

所谓反向工程，是指通过对终端产品的分析研究，找出该产品
的原始配方或者生产方法。商业秘密权的权利人投放到市场上流通
的产品中所蕴含的商业秘密信息，一旦被竞争对手通过反向工程分
析研究获知（法律限制的某些特殊产品除外），则其秘密性相对丧
失，原拥有者也失去相应的权利。

三、合法受让

商业秘密的性质是具有可让与性的，并且也是存在事实上进行
分割的可能性的。使用人可以通过许可使用、技术转让合同等合法

方式使用商业秘密。

四、公知领域

指通过公开渠道可以获得的信息、轻而易举可以获得的信息、在本行业内公知的信息，一般性的常识、经验、技术。

五、公权限制

国家机关根据法律的规定在执行公务过程中获取当事人的商业秘密，不视为侵犯商业秘密。以国家公权利限制商业秘密必须具有法律的明文规定，范围以执行职务为限。国家机关工作人员在职务过程中获得的商业秘密，仍然负有保密的义务。

六、强制披露

这主要是指上市公司的强制信息披露制度，对于未上市公司可以保持其商业秘密，但是对于上市公司必须按照《证券法》《公司法》的规定进行信息披露。信息一旦披露，即进入公众领域而不再是商业秘密。

第二十七章　地理标志

第一节　地理标志概述

一、地理标志的概念与特征

地理标志是指标示某商品来源于某地区，该商品的特定质量、信誉或其他特征主要由该地区的自然因素或人文因素所决定的标志。

地理标志具有如下特征：

（1）地理标志的地理名称具有真实性，标明了商品或服务的真实来源地。地理名称必须是真实存在的，不是臆造的、虚构的地名。

（2）地理标志所标示的商品为驰名的地方特产，该商品由于受到当地特殊自然条件或人文条件的影响而具有独特的品质、信誉或其他特征。

（3）地理标志不是单一的地理名称，只有当一个地名与其所标示的具有特定品质的商品相关联时，该地名才是这一商品的地理标志。

（4）地理标志的使用人是该产地利用相同的自然条件、采用相同传统工艺的生产经营者。

二、地理标志的功能

（一）标识商品来源功能

地理标志具有标明商品来自某地域的功能，表明商品来源于该地理区域的任何一个经营主体。这一标记在区别商品来源的同时，实际上在市场销售份额的划分方面往往也起着十分关键的作用，使用知名的地理标志的商品往往可以取得超出一般商品的超额利润，因而地理标志往往被视为企业的一项无形财产。

（二）品质保证功能

地理标志不仅可以表示商品的地理来源，而且可以体现商品特有的品质。地理标志使用者的长期的共同维护，代表的不仅是质量，而且是原产地的生产者在多年的经营中积累起来的一种信誉，是社会对这种标记的综合评价。

（三）广告促销功能

地理标志往往与商品原产地及品质相联系，长期使用会在消费者心目中形成较稳定的品牌形象，成为消费者选购的依据。因此，它们具有类似广告宣传的作用。

（四）原产地认定功能

在国际贸易中，对进出口货物标示产地标记是一种通行做法，以表明产品的生长地、出生地、出土地或生产、加工、制造地以及某项服务来源地。国家出于外贸政策而对某国进口货物设定配额或数量限制时，产地名称就成为判断商品进口国的重要依据。

第二节　地理标志权及其法律保护

一、地理标志权的法律特征

地理标志权是私权，是一种无形财产权，是知识产权。其主要特点表现在以下几方面：

（1）地理标志权是一种集体性权利。首先，地理标志不能由个人独自注册，只能以集体、组织或协会的名义申请注册，地理标志权一旦被确认下来，便属于该地域内生产同一商品的所有生产者，而不是归某一权利人单独享有，生产者只要符合条件都有资格使用该地理标志。其次，发生盗用、假冒地理标志行为时，任一权利人均可提起诉讼。

（2）地理标志权具有永久性。与一般的知识产权的时间性特点不同，地理标志权无保护期间的限制，是一种无法定消灭事由的永续性权利。

（3）地理标志权具有不可转让性。但使用地理标志的任何生产经营者都不得转让或许可他人使用，这是由权利客体即地理标志的本源性决定的。若地理标志转让使用，即会引起商品地域来源的混淆，扰乱社会经济秩序。

（4）地理标志权的所有人与使用人相分离。地理标志权的所有人一般是该地区生产特定商品的行业协会或组织，而使用人则是该地特定产品的所有生产者。

二、地理标志的法律保护

（一）地理标志的国际保护

1.《巴黎公约》

《巴黎公约》是最早保护地理标志的国际公约，《巴黎公约》第2条明确将货源标志与原产地标记即地理标志列入工业产权的保护对象，同时对侵权行为也作了规定。根据《巴黎公约》第10条规定，有人直接或间接假冒产品的原产地时，适用公约第9条规定的制裁措施，即当非法标有地理标记的商品进入本国而侵犯本国受保护的地理标记权时，该成员国有权予以扣押。

2.《制止商品来源虚假或欺骗性标记马德里协定》

1891年在马德里缔结的《制止商品来源虚假或欺骗性标记马德里协定》，是巴黎公约的一个特别协定，对成员国之间制止虚假货源标记作了具体规定。该协定要求其成员国履行如下义务：如果发现任何商品上带有涉及该协定某成员国或成员国某地的虚假标记的产品，都必须禁止该产品的进口或在进口时给予扣押，或采取其他制裁措施。此外，该协定还禁止在招牌、广告、发票等任何商业文件中使用虚假的产地标记。但该协定未区分货源标记和地理标志，侧重于对货源标记的保护。

3. 《保护原产地名称及其国际注册里斯本协定》

1958 年《巴黎公约》的部分成员国在里斯本签订了《保护原产地名称及其国际注册里斯本协定》，确立了在该协定成员国的国家保护基础上对地理标志的国际保护体系。该协定首次概括了原产地和原属国的定义，还对保护地理标志的目的及原产地的国际注册作了规定。协定规定，可冠以地理标志的产品必须与地域之间存在某种必然的联系，即产品的质量或特征完全或主要取决于该地理环境。对于地理标志，有关缔约国的主管部门可向世界知识产权组织国际局申请注册，并说明产地的地理名称、使用该原产地的商品项目以及该原产地产品的使用人，注册后的地理标志在所有成员国都受到保护。依照协定的要求，在其领域内保护其他国家产品的地理标志，禁止本国的任何产品的生产经营者不经许可便使用该地理标志。

4. 《发展中国家原产地名称和产地标记示范法》

20 世纪 60 年代通过的《发展中国家原产地名称和产地标记示范法》，为广大发展中国家保护地理标志提供了一个立法的范本，并对此提供了更完善的保护措施，详细规定了地理标志的保护条件以及违法使用的责任等。

5. 世界贸易组织 TRIPS 协定

1993 年通过的 TRIPS 协定第 3 节第 22 条第 1—4 款，把地理标志作为一项独立的知识产权加以保护。它明确界定了地理标志的概念，并要求成员为利害关系人提供法律救济手段，包括：（1）不论他人以任何方式在商品的称谓或表达上，明示或暗示有关商品来源于一个非真实产地的地域，并足以导致公众对商品来源误认的，利害关系人有权制止；（2）不论他人采取任何行为，如果构成《巴黎公约》1967 年文本第 10 条之 2 所指的不正当竞争，则利害关系人有权予以制止；（3）含有地理标志的商标，但使用该商标的商品并非真正来源于该标志所标示的地域，且会误导公众，则应防止其不当注册，如果立法允许，成员应依职权驳回或撤销该商标的注册，或者依一方利害关系人的请求驳回或撤销该商标的注册；（4）如果某地理标志虽然真实指明商品的来源地，但仍误导公众以为该商品来源于另一地域，则亦应适用以上规定（即第 22 条第 3 款）。此外，该协定第 23 条对用于识别葡萄酒及白酒的地理标志作了补充规定，体现了对这些标志的特殊保护。

（二）我国对地理标志的保护

目前我国对地理标志采用的是以商标法为主、专门法与反不正当竞争法等其他法为辅的多种保护方式。

1. 商标法对地理标志的保护

《商标法》在第 10 条第 2 款规定："县级以上行政区划的地名或者公众知晓的外国地名，不得作为商标。但是，地名有其他含义或者作为集体商标、证明商标组成部分的除外；已经注册的使用地名的商标继续有效。"这一规定起到了间接保护地理标志的作用。1993 年修订后的《商标法实施条例》第 6 条规定："依照《商标法》第 3 条规定，经商标局核准注册的集体商标、证明商标，受法律保护。集体商标、证明商标的注册和管理办法，由国家工商局会同国务院有关部门另行制定。"1994 年 12 月 30 日，原国家工商行政管理局发布了《集体商标、证明商标注册和管理办法》，该办法将证明商标定义为：用以证明该商标或服务的原产地、原料、制造方法、质量、精确度或其他特定品质的商品商标或服务商标，地理名称可作为证明商标的一种。据此，地理标志可注册为证明商标而受到保护。这是我国第一次在商标法律制度中确定了地理标志的法律地位。

2. 专门法规对地理标志的保护

1999 年 8 月 17 日，原国家质量监督检验检疫总局发布了《原产地域产品保护规定》。这是我国第一部专门规定原产地域产品保护的规章，标志着中国原产地域产品保护制度的初步建立。它首次界定了原产地域产品的概念，规定了原产地域产品的注册登记制度。依此规定，地理标志权由原产地域产品申报机构持有并负责申报和管理使用。该机构由有关地方的质量技术监督行政部门、行业主管部门、行业协会和生产者代表组成，生产者需要使用原产地域产品专用标志的，应当向申报机构提出申请。之后，原国家质量监督检验检疫总局又制定颁布了《原产地域产品的通用要求》等强制性国家标准，初步形成了中国原产地域产品保护制度的法规体系。

2005 年 7 月 15 日开始实施的《地理标志产品保护规定》废止了《原产地域产品保护规定》。《原产地标记管理规定》《原产地标记管理规定实施办法》中关于地理标识的内容与《地理标志产品保护规定》不一致的，以《地理标志产品保护规定》为准。在原国家质检总局发布的行政规章的范围内统一了对地理标志产品的保护问题。但是，这两种保护模式各自存在缺陷，它们之间仍然存在着冲突和矛盾。

3. 其他法律对地理标志的保护

我国《反不正当竞争法》第 6 条禁止经营者伪造产地；第 8 条禁止经营者利用广告或其他方法对产地作引人误解的虚假宣传，违者应承担相应的法律责任。《产品质量法》和《消费者权益保护法》也从维护消费者合法权益、维护社会经济秩序的角度出发，禁止伪造、冒用产品的产地，并对违法者规定了相应的制裁措施。

第三节　地理标志保护的限制

一、善意或在先使用的例外

TRIPS 协定第 24 条第 4 款规定了这一例外。此处所说的在先使用是指 1994 年 4 月 15 日之前，已使用了某个其他成员的地理标志，

且至少使用 10 年以上。此处所说的善意使用是指在 1994 年 4 月 15
日（部长级会议结束乌拉圭回合谈判之日）之前非恶意地已进行使
用。善意使用或者在先使用只要具备其中的任何一个，就可以享有
这种例外。

二、善意注册的例外

《商标法》第 16 条规定，商标中有商品的地理标志，而该商品
并非来源于该标志所标示的地区，误导公众的，不予注册并禁止使
用；但是，已经善意取得注册的继续有效。

三、通常用语的例外

TRIPS 第 24 条第 6 款规定，如果通常用语只因与某个受保护的
地理标志相同，就禁止一般人使用它，会显得不合理。还有一些商
品，其原有的地理标志可能是专指的（仅指来源于该地并在特点上
与该地有关的商品），但人们用久了，也会进入通常用语的领域。

四、名称权例外

这种例外是指人们有权在贸易活动中使用自己的姓名或者自己
企业或公司的名称。在这种情况下，即使它们与某个受保护的地理
标志相冲突，仍可继续使用，但如果地理标志受保护在前，命名或
更名在后，则不适用这一例外。此项例外以不导致公众的误认为限。

五、来源国不保护或已停用的例外

如果某个成员国对它原来保护的某个地理标志停止保护了，这
说明该国已将它从专有领域释放到公有领域之中；如果某个国家对
在其国内的地理名称从来就不给予保护，则说明其自始处于公有领
域；如果某个成员国原有的地理标志，后来本国都不用了，再要求
他人不使用这些名称，仍将其作为地理标志去保护，就不合理了。

六、其他合理限制

除了上述五个方面的例外之外，可能还有其他例外。例如，我国《商标法》第 10 条第 2 款规定："县级以上行政区划的地名或者公众知晓的外国地名，不得作为商标，但是地名具有其他含义的除外。"这一规定的前半部分，显然是防止任何人将地理名称作为商标注册后独占该地理标志，然而后半部分就是一种例外。

第二十八章　商号权

第一节　商号概述

一、商号的概念

商号是民商事主体进行工商业经营活动时用来标示自己并区别于他人的一种标志，包括各种所有制企业的名称，各种形式的经营组织和各类公司的名称。商号是生产经营者的营业标志，体现着特定的企业的商业信誉和服务质量，一个商号如果被市场认可，就可以产生良好的商业信誉，对于信誉好的企业，其名称或标志对消费者有着巨大的吸引力，是企业重要的无形财产。

二、商号与相关概念的区别

（一）商号与企业名称

从我国《企业名称登记管理规定》来看，商号与企业名称应当属于不同的概念，企业名称包含了商号，商号是企业名称的核心部分。《企业名称登记管理规定》第 7 条第 1 款规定，企业名称应当由以下部分依法组成：企业的注册地或营业地、字号（或者商号）、行业或者经营特点、组织形式。例如，"深圳润迅科技服务有限公司"是一个已经注册的企业名称，其中"深圳"是地理名称，"润迅"是商号，"科技服务"属行业公有名称，"有限公司"是其组织形式。在所有的组成部分中，该公司只对其商号"润迅"享有专有权，而不能对"深圳""科技服务"或"有限公司"享有专有性权利，因为行政区划名称、行业公有名称和组织形式是所有民商事主体所共有的，不能成为某一个企业的私有财产。所以，作为知识产权保护对象的应该是商号，而不是企业名称，商号是企业以及其他商业主体为表明不同于他人的特征而使用的名称，企业名称是表明企业的注册地或营业地、商号、行业、组织形式等特点的全称。

（二）商号与商标

商号和商标是与工商业经营者密切相关的标志，而且在有些情况下，两者可以合二为一，但是，二者有着明显的差别：

（1）两种标志附着于不同的载体，具有不同的表示功能。商号是商品的生产经营者使用的标记，是用来区别不同生产经营者的标志；商标是使用在商品上的标记，是用来区别商品来源的标志。

（2）一个生产经营者只能有一个商号，但可以有多个商标使用在其生产经营的商品上。

（3）两者的效力范围不同。商号只在其登记注册的范围内有效，在全国范围内有可能存在相同的商号；注册商标在全国范围内有效，其权利人享有专有使用权。

（4）商号权无法定时间限制，商号权与权利主体并存，只要该主体存在，商号权就存在；而商标权受到时间的限制。

第二节　商号权及其法律保护

一、商号权的概念与法律特征

商号权，是指企业对自己使用的营业标志所依法享有的专用权。确立该项权利的法律意义在于：在他人使用相同或类似的名称时，权利人可以要求停止使用，避免发生混同；在他人非法侵权而造成损失时，权利人可以要求赔偿损失。

商号权是私权的一种，属于无形财产权，是知识产权的保护对象。商号权具有知识产权的某些共同特征，如客体的非物质性、权利的专有性、地域性等。但是，与专利权、商标权等其他知识产权相比较，商号权还具有自身的特点：

（1）相对的排他效力。商号权虽为知识产权之一种，具有绝对性的特点，但仅在其有效登记的范围内有排他的效力，即只有在其所属的同一行政区域、同一行业内享有排他性的专有权。

（2）无期限的存续效力。商号权具有一般人格权的某些属性，无法定的保护期限。商号与企业共存亡，只要企业存在，其商号权就得以无期限地继续存在。

二、商号权的性质

笔者认为，一方面，商号是企业主体人格的标志，具有区别生产经营者的功能，同时商号也是企业从事生产经营活动的前提条件。另一方面，商号是企业的无形资产，它的使用、许可使用、转让和继承，均能获得财产利益，盗用、假冒商号将产生相应的财产后果。所以，商号权应是兼有人格与财产内容的复合性权利。

三、商号权的取得方式

我国目前在有关商号权的法律中均采取登记生效主义。例如，《民法典》第 54 条规定，自然人从事工商业经营，经依法登记，为个体工商户。个体工商户可以起字号。《企业名称登记管理规定》第 6 条规定，企业名称由行政区划名称、字号、行业或者经营特点、组织形式组成。跨省、自治区、直辖市经营的企业，其名称可以不含行政区划名称；跨行业综合经营的企业，其名称可以不含行业或者经营特点。第 4 条规定，企业只能登记一个企业名称，企业名称受法律保护。第 24 条还规定申请人登记或者使用企业名称违反本规定的，依照企业登记相关法律、行政法规的规定予以处罚。我国实行分级登记管理制度，全国性公司、国家级大型进出口公司和企业集团及全国性企业、外商投资企业由原国家工商行政管理总局专属核定管辖。除上述企业外的其他企业由所在地省、市、县工商行政管理局核准登记。

四、商号权的内容

（一）设定权

商号设定权是指民商事主体享有的依法决定其商号的权利。关于商号的组成部分，根据《企业名称登记管理规定》，商号不得违反禁用条款，即禁止使用下列内容和文字：（1）损害国家尊严或者利益；（2）损害社会公共利益或者妨碍社会公共秩序；（3）使用或者变相使用政党、党政军机关、群团组织名称及其简称、特定称谓和部队番号；（4）使用外国国家（地区）、国际组织名称及其通用简称、特定称谓；（5）含有淫秽、色情、赌博、迷信、恐怖、暴力的内容；（6）含有民族、种族、宗教、性别歧视的内容；（7）违背公序良俗或者可能有其他不良影响；（8）可能使公众受骗或者产生误解；（9）法律、行政法规以及国家规定禁止的其他情形。

（二）使用权

商号使用权是指商号权人对其商号享有独占使用的权利，并且在核准登记的地域范围内有权禁止他人使用与自己的商号相同或相近似的名称。这种禁止性权利表现在两个方面：一是排斥他人在核准登记的辖区内登记与同行业已有的商号相同或近似的厂商名称。例如，我国《企业名称登记管理规定》第4条明确要求"企业只能登记一个企业名称，企业名称受法律保护"。二是排斥他人未经许可以营利为目的在核准的辖区内使用与自己商号相同或近似的商号。例如，我国《反不正当竞争法》第6条将擅自使用他人有一定影响的企业名称（包括简称、字号等）视为不正当竞争行为，商号权人有权要求其承担法律责任。

（三）转让权

商号作为区分不同民商事主体的一种标志，可产生识别作用，因此商号往往是企业商誉外在表现的一个载体，从而使商号权具有了一定的财产属性，可以成为转让的对象。《企业名称登记管理规定》第19条规定，企业名称转让或者授权他人使用的，相关企业应当依法通过国家企业信用信息公示系统向社会公示。

（四）许可使用权

商号权作为一种财产性权利，可以许可他人使用。当事人双方可以协议方式准许被许可人在特定范围内使用其商号，商号许可使用合同应当采用书面形式并经登记主管机关登记后生效。

五、商号权的法律保护

我国在《民法典》《反不正当竞争法》《公司法》《产品质量法》《消费者权益保护法》《企业名称登记管理规定》等法律法规中规定了对商号权的保护。从我国现行法律的规定来看，有关商号权的法律保护措施主要有以下几种：

（1）在法定范围内享有独占使用权，禁止他人在核准登记的行政区域范围内使用相同的商号。经相应工商行政管理部门核准后，凡冠以市名或县名的商号，在同一市、县范围内，同行业企业不得重名；凡冠以省名、自治区名而不冠以市名、县名的，在省、自治区范围内，同行业企业不得重名；凡使用"中国""中华"字样的，在全国范围内，同行业企业不得重名。

（2）商号经登记注册后得以对抗第三人。凡注册登记的商号因相同而发生争议的，按申请登记的先后顺序处理，即先申请注册的享有优先权；盗用、假冒他人商号的，构成侵犯商号权，应承担相应的法律责任。

第二十九章　域名权

第一节　域名的概念与渊源

公司在互联网上的地址应当便于识别，互联网的地址最开始是 IP（Internet Protocol Address）地址，后来演变成域名（Domain Name）。

一、中国域名的渊源

互联网和域名在中国的出现，始于 1986 年。那一年，一个名为"中国学术网络"的国际联网项目在中国正式启动。1987 年，该项目取得了第一个阶段性的研究成果，即"正式建成我国第一个国际互联网电子邮件节点"。

二、域名注册管理机构 CNNIC 的建立

互联网的发展速度总是比人们想象的还要快。在连入国际互联网之后，我国的互联网立刻呈现出加速发展的趋势，中国科学技术网（CERNET）、中国公用计算机互联网（CHINANET）、中国教育和科研计算机网（CERNET）、中国金桥信息网（CHINAGBN）先后建成，域名注册数量也迅速增加。1995 年，国内互联网开始由国内顶尖的科研结构，比如清华、北大以及中国科学院等走向社会。互联网向社会蔓延，在推动教育、科技、经济信息交流的同时，也出现了一些问题，如：黄色、暴力、窃密、反宣传、敌视的信息等，这些信息在社会流传，引起了社会各界特别是安全部门的不安。要

将互联网引向健康、正确的发展轨道，单凭技术专家们的管理已经不够了。国务院信息化工作办公室在这样的大时代背景之下便应运而生。并开始探索我国域名体系和域名管理的办法。1996 年年底，在参考国际通行模式的基础上，CNNIC 的筹备工作被正式提上了日程。

三、与域名有关的法律文件的陆续出台

为了保证和促进我国互联网络的健康发展，加强我国互联网络域名系统的管理，1997 年 5 月 30 日，《中国互联网络域名注册暂行管理办法》被国务院信息化工作领导小组颁布并实施至今，发挥了重要作用。

第二节　域名的特征

域名为域名所有人定位计算机和识别身份的网络地址。对域名法律特征和法律性质的描述有利于解决现实生活中发生的众多的域名与其他法律所保护的权益之间的纠纷。

一、域名的标识性

网络上的计算机通过域名这一中介被区分之后，就可以起到方便消费者搜寻所需要的网址的作用，同时，有更多的消费者通过这个域名来访问自己的主页，也可以方便生产厂家的信息传输和品牌宣传。因此，域名的基本特征之一就是"标识性"。

二、域名的唯一性

作为域名的重要特征之一的"唯一性"或者说"全球性"，其主要有两个方面的决定性因素：首先，网络覆盖面积具有全球性的明显特征。网络覆盖面积的全球性是造成域名全球性的一个非常直

接的因子。其次，网络空间中 IP 地址分配的技术性。也就是说，对整个网络世界而言，某个域名一旦被成功注册，则其就自然获得了在全球范围内的唯一性和排他性。同时，依据续虚拟网络社会奉行的"先申请、先注册"的原则，即某一个域名只能被注册一次，这样的程序在一定程度上保证了域名在全球范围内的排他性。

三、域名的排他性

域名的排他性，或者称为域名的专有性是域名唯一性的延伸。域名的专有性或者排他性有赖于域名的唯一性来维持。此外，域名在网络上是唯一的，并不允许两个一样的域名同时存在。而且，域名的专有性或者说排他性比一般知识产品的专有更强，因为，域名注册成功就意味着域名的整个世界范围内的排他权。

四、域名的时间性

我国的注册域名实行的是年检制度。也就是说，一旦一个域名被成功注册，这个域名并不是无条件永久保护的。如果想一直获得我国法律的保护，则只能按照规定的程序缴纳一定的费用。也就是说，域名是具有时间性的。

五、域名的稀缺性

域名具有稀缺性，域名的稀缺性会导致其价值的升高。所谓域名的稀缺性具体包括两个方面的内容，数量上的稀缺性和质量上的稀缺性。首先来看域名数量上的稀缺性。域名数量上的稀缺性来源于可供选择的域名与域名注册的需求之间的不可调和的矛盾。虽然，由于域名与商标不同的特性，域名只需要同别的域名具有细微的差别便可以获得注册，但是，如果域名字符太过烦琐，必然不利于广大消费者进行识别和记忆。质量的稀缺性一方面会影响到企业的宣传，也会直接影响到域名交易的价值。

六、域名的价值性

所谓域名的价值性，具体是指域名的商业价值，一个有创意且便于识别记忆的域名可以有利于企业的宣传推广，从而为企业开拓市场提供条件。域名的价值性的背后决定因素之一便是域名在全球范围内的唯一性。当然，域名具有价值性，并不妨碍各种后缀域名价值之间的差异性。".com"域名一直被认为是域名后缀中的王者，反映其王者地位的是其交易的价格，".com"域名是最贵的。

第三节　域名的功能及法律保护

一、域名功能的本质

（一）技术性作用

在域名系统（DNS）被正式地建立起来之后，只要一台主机（HOST）连入了 Internet 网，都会获得依靠一定程序排列的一串编号，这个编号就如同新生儿的身份证号码一样就有唯一性。如果仔细的辨析"域名"与"编码"之间的关系就可以发现，"域名"与"编码"这二者之间就是相互依存的关系，二者之间是不可分割的一个统一整体。"域名"就相当于是一个人的名字，而"编码"则相当于一个人的身份证号码。因为"姓名"是对应于"身份证号码"的，所以，身份证号码的唯一性决定了姓名的唯一性。由此，作为唯一地址编码的外部代码的外部表征，其也必须是绝对的、唯一的。在实践的操作中，用户如果要浏览一个网页的内容，并不需要记忆烦琐的地址编码，而输入一个便于记忆的域名便能达到同样的效果。

（二）识别性作用

域名就起到了人们在虚拟社会身份标识的作用。现实生活中，许许多多的企业开始在 Internet 上建立自己的主页和服务器，正是域名的潜力被充分认识和挖掘的直接结果。企业有了自己的主页和服务器，那么，如果才能方便广大消费者来寻找到自己的网站，以及对自己的产品进行推销呢，域名承担了这项重要的任务。概括起来说，域名的识别性作用主要体现在如下三个方面：第一，域名起到门牌的作用。在域名出现之前，要想访问某一个网站，必须通过 IP 地址，再后来，在互联网从业者的努力之下，出现了与 IP 地址对应的域名。"因为域名确实比 IP 更加的直观和好用，用户体验也更好。"第二，域名起到路径的作用。域名就好比是一座宏伟的桥梁，一头连着生产商的主页，一头连着使用者或者潜在的用户。第三，域名起到招牌的作用。有了上述的沟通机制之后，企业还可以在这样的桥梁上附加其他的一些价值，比如"宣传企业形象""展示产品或者服务"等。

二、域名功能的新维度

域名具有与地址编码对应的唯一性特征，因此，更多的企业还是会将自己的企业名称或者商标为范围来选取自己的域名，这样更容易发挥其桥梁的重要作用——引导消费者和宣传自己的公司企业。在这样的背景之下，域名与企业名称或者企业所拥有的商标又发生了某种程度的联系，也正是因为这样的原因，域名也被称为"电子商标"。

三、域名保护的法律制度

（一）立法方面

主要裁判依据《最高人民法院关于审理涉及计算机网络域名民事纠纷案件适用法律若干问题的解释》（2020 修正），规定了法院认定恶意的标准："（一）为商业目的将他人驰名商标注册为域名的；（二）为商业目的注册、使用与原告的注册商标、域名等相同或近似的域名，故意造成与原告提供的产品、服务或者原告网站的混淆，误导网络用户访问其网站或其他在线站点的；（三）曾要约高价出售、出租或者以其他方式转让该域名获取不正当利益的；（四）注册域名后自己并不使用也未准备使用，而有意阻止权利人注册该域名的；（五）具有其他恶意情形的。被告举证证明在纠纷发生前其所持有的域名已经获得一定的知名度，且能与原告的注册商标、域名等相区别，或者具有其他情形足以证明其不具有恶意的，人民法院可以不认定被告具有恶意。

（二）行政管理机构

目前我国主要的域名注册和管理机构是 CNNIC。